who?

글·그림 Team. 신화

Team. 신화는 재미있는 만화를 만들기 위해 항상 노력하는 창작 그림 집단입니다. 작품으로는 《기탄 교과서 만화》, 《세계 여행기 시리즈》, 《한국 고전 천자문》, 《만화 어린이 꿈 발전소》, 《코믹 꿈꾸는 다락방》이 있습니다.

감수 경기초등사회과연구회
진로 탐색 감수 이랑 (한국고용정보원 전임연구원)
추천 송인섭 (숙명 여자 대학교 명예 교수)

 세계 인물

빌리 브란트

개정판 1쇄 인쇄 2024년 11월 15일
개정판 1쇄 발행 2025년 1월 1일

글·그림 Team. 신화

펴낸이 김선식
펴낸곳 다산북스

부사장 김은영
어린이사업부총괄이사 이유남
책임편집 박세미 디자인 김은지 책임마케터 김희연
어린이콘텐츠사업1팀장 박정민 어린이콘텐츠사업1팀 김은지 박세미 강푸른
마케팅본부장 권장규 마케팅3팀 최민용 안호성 박상준 김희연
편집관리팀 조세현 김호주 백설희 저작권팀 이슬 윤제희 제휴홍보팀 류승은 문윤정 이예주
재무관리팀 하미선 김재경 임혜정 이슬기 김주영 오지수
인사총무팀 강미숙 이정환 김혜진 황종원
제작관리팀 이소현 김소영 김진경 최완규 이지우 박예찬
물류관리팀 김형기 김선민 주정훈 김선진 한유현 전태연 양문현 이민운

출판등록 2005년 12월 23일 제313-2005-00277호
주소 경기도 파주시 회동길 490
전화 02-704-1724 팩스 02-703-2219
다산어린이 카페 cafe.naver.com/dasankids 다산어린이 블로그 blog.naver.com/stdasan
종이 신승NC 인쇄 북토리 코팅 및 후가공 평창피앤지 제본 대원바인더리

ISBN 979-11-306-5806-3 14990

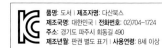

빌리 브란트

Willy Brandt

다산
어린이

자신만의 멘토를 만날 수 있는
who? 시리즈

다산어린이의 〈who?〉 시리즈는 어린이들은 물론 어른들에게도 재미와 감동을 주는 교양 만화입니다. 〈who?〉 시리즈는 전 세계 인류에 영향력을 끼친 인물들로 구성되었으며 인물들의 삶과 사상을 객관적으로 전해 줍니다.

이처럼 다양한 나라와 분야에서 활약한 위인들의 이야기를 통해 과학, 예술, 정치, 사상에 관한 정보는 물론이고, 나라별 문화와 역사까지 배우게 될 것입니다. 〈who?〉 시리즈의 가장 큰 장점은 위인들이 그들의 삶에서 겪은 기쁨과 슬픔, 좌절과 시련, 감동을 어린이들이 함께 느낄 수 있다는 것입니다. 어린이들은 이 책을 읽으면서 폭넓은 감수성을 함양하게 됩니다.

〈who?〉 시리즈의 어린이 독자들이 책 속의 위인들을 통해 자신만의 멘토를 만나 미래의 세계적인 리더로 성장하기를 진심으로 응원합니다.

존 덩컨 미국 UCLA 동아시아학부 교수

존 덩컨(John B. Duncan) 교수는 한국학 분야의 세계적인 석학으로 미국 UCLA 한국학 연구소 소장 및 동 대학의 동아시아학부 교수를 겸직하고 있습니다. 하버드 대학교 교환 교수와 고려 대학교 해외 교육 프로그램 연구센터장을 역임했으며, 주요 저서로는 《조선 왕조의 기원》, 《조선 왕조의 시민 행정의 제도적 기초》 등이 있습니다.

세상을 더 나은 곳으로 만든 사람들의 이야기

　어린이들은 자라면서 수많은 궁금증을 가지게 됩니다. 그중에서도 "저 사람은 누굴까?"라는 질문은 종종 아이들의 머릿속을 온통 지배해 버리기도 합니다. 다산어린이에서 출간된 〈who?〉 시리즈는 그런 궁금증을 해결해 주기 위해 지구촌 다양한 분야의 리더들을 소개하고 있습니다.

　〈who?〉 시리즈에 등장하는 인물들은 인종과 성별을 넘어 세상을 더 나은 곳으로 만든 사람들입니다. 어린이들은 이 책에서 디지털 아이콘으로 불리는 스티브 잡스는 물론 니콜라 테슬라와 같은 천재 발명가를 만날 수 있습니다.

　책 속 주인공들의 어린 시절 이야기를 통해 기쁨과 슬픔, 도전과 성취감을 함께 맛보고, 그들과 함께 성장하면서 스스로 창조적이고 인류에 도움이 되는 사람이 되겠다는 포부와 자신감을 갖게 될 것입니다.

　〈who?〉 시리즈 속에서 다채롭고 생동감 넘치는 위인들의 이야기를 만나 보세요.

에드워드 슐츠 하와이 주립 대학교 언어학부 교수

에드워드 슐츠(Edward J. Shultz) 하와이 주립 대학교 언어학부 교수는 동 대학의 한국학센터 한국학 편집장을 역임한 세계적인 석학입니다. 평화봉사단 활동의 하나로 한국에서 영어 교사로 근무한 경험이 있으며, 현재 한국과 미국, 일본을 오가며 활발한 활동을 펼치고 있습니다. 저서로는 《중세 한국의 학자와 군사령관》, 《김부식과 삼국사기》 등이 있고, 한국 중세사와 정치에 대한 다수의 기고문을 출간했습니다.

미래 설계의 힘을 얻는 길이
여기에 있습니다

어린이가 성장하는 시기에는 스스로 미래를 설계하며 다양한 책을
접하는 경험이 필요합니다.

어린 시절 만난 한 권의 책이 인생에 미치는 영향이 얼마나 큰지는
꿈을 이룬 사람들의 말을 통해서 알 수 있습니다. 빌 게이츠는 오늘날
자신을 만든 것은 동네의 작은 도서관이었다고 말하고, 오프라 윈프리는
어린 시절 유일한 친구는 책이었음을 고백하며 독서의 중요성에 대해
이야기합니다.

꿈을 이룬 사람들의 공통점은 또 있습니다. 그들에게는 어린 시절,
마음속에 품은 롤 모델이 있었습니다. 여러분의 롤 모델은 누구인가요?
〈who?〉 시리즈에서는 현재 우리 어린이들이 가장 닮고 싶어하는 롤
모델을 만날 수 있습니다. 버락 오바마, 빌 게이츠, 조앤 롤링, 스티브
잡스 등 세상을 바꾼 사람들의 감동적인 이야기를 담은 〈who?〉 시리즈는
어린이들이 구체적인 목표를 설정하고 희망찬 비전을 세울 수 있도록
도와줄 친구이면서 안내자입니다. 〈who?〉 시리즈를 통하여 자신의 인생
모델을 찾고 미래 설계의 힘을 얻을 수 있습니다.

송인섭 숙명 여자 대학교 명예 교수

숙명 여자 대학교 명예 교수이자 한국영재교육학회 회장으로
자기주도학습 분야의 최고 권위자입니다. 한국교육심리연구회
회장, 한국교육평가학회장, 한국영재연구원 원장을 역임했습니다.
자기주도학습과 영재 교육의 이론을 실제 교육 현장에 적용하기 위해
노력하고 있습니다.

평생을 이끌어 줄
최고의 멘토를 만날 수 있는 책

10대에 가장 중요한 것은 무엇일까요? 학과 공부와 입시일까요? 우리나라 최초의 국제회의 통역사로 30년 동안 활동하면서 글로벌 리더들을 만날 기회가 수없이 많았던 저는 대한민국의 초등학생들에게 특별한 조언을 해 주고 싶습니다. 그것은 큰 꿈을 가지는 것이 무엇보다 중요하다는 것입니다.

꿈은 힘들고 지칠 때 나를 이끌어 주는 힘이고 내 인생의 주인이 되어 일어설 수 있게 하는 원동력이 되어 줍니다. 꿈이 있는 아이가 공부도 잘하고 결국 그 꿈을 실현할 수 있게 되는 것입니다. 저 역시 어린 시절 품었던 꿈이 지금의 자리에 있게 한 원동력이었습니다. 남들이 모르는 큰 꿈을 마음속에 간직하고 있었기에 괴롭고 힘들어도 포기하지 않고 다시 일어설 수 있었습니다.

어린 시절 저에게도 힘들고 지칠 때마다 용기를 불어넣어 주고 힘이 되어 주었던 분들이 있었습니다. 지금의 자리로 저를 이끌어 준 멘토들처럼 〈who?〉 시리즈에서 여러분의 친구이자 형제, 선생이 되어 줄 멘토를 만날 수 있기를 바랍니다.

최정화 한국 외국어 대학교 교수

우리나라 최초의 국제회의 통역사로 현재 한국 외국어 대학교 통번역대학원 교수로 재직 중입니다. 세계 무대에서 자신의 꿈을 이룬 여성 신화의 주인공으로, 역시 세계에서 꿈을 펼치려고 하는 청소년들에게 멘토로서의 역할을 충실히 하고 있습니다. 저서로는 《외국어 내 아이도 잘할 수 있다》, 《외국어를 알면 세계가 좁다》, 《국제회의 통역사 되는 길》 등이 있습니다.

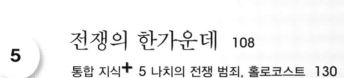

- 이름: 빌리 브란트
- 생몰년: 1913~1992년
- 국적: 독일
- 직업·활동 분야: 신문 기자,
  수상
- 주요 업적:
  서독 수상(1969~1974년)
  노벨 평화상 수상(1971년)

빌리 브란트

빌리 브란트는 태어났을 때부터 아버지가 없었지만 외할아버지와
어머니의 따뜻한 사랑 속에 어린 시절을 보낼 수 있었어요. 청소년
시절부터는 사회 문제에 관심을 가지고 여러 단체에 가입해
활동했고 이를 계기로 정치인의 길에 들어서지요.
이후 서독의 수상이 된 빌리 브란트. 그는 어떻게 독일을 이끌어
가게 될까요?

율리우스 레버

율리우스 레버는 사회주의 정당의 당원이자 신문사의 편집장이었습니다. 고등학생 빌리 브란트가 자신의 정치적 견해를 기사로 작성하여 투고하자 그의 가능성을 알아보고 고정적으로 신문에 기사를 실을 수 있도록 해 줍니다. 이후 빌리 브란트가 신문 기자와 정치가로 활발히 활동할 수 있도록 적극적으로 도와줍니다.

아돌프 히틀러

제1차 세계 대전 후 독일의 수상이 된 아돌프 히틀러는 전쟁에서 패한 독일이 막대한 전쟁 배상금을 물게 되자, 승전국들을 비난하며 전쟁에 대한 책임을 회피합니다. 또한 독일 국민의 자긍심을 높인다는 명목으로 유대인 등 다른 인종에 대해 극심한 차별과 탄압을 자행합니다. 빌리 브란트는 이러한 독일의 상황을 걱정하며 히틀러에 반대하는 활동을 벌입니다.

들어가는 말

독일 통일과 유럽 평화에 기여한 빌리 브란트의 활약에 대해 알아보아요.
두 차례에 걸쳐 일어난 세계 대전의 원인은 무엇이었으며 전쟁의 과정과 그 결과는 무엇이었는지 살펴봅시다.
한 나라를 대표하는 지도자는 어떤 일을 할까요? 지도자의 선택과 결정에 따라 나라는 물론 주변 국가, 나아가 전 세계에 어떤 영향을 주게 되는지 알아봐요.

1 아빠가 없는 소년

1916년, 독일 뤼베크

헤르베르트, 사진 찍으러 가는 게 좋으니?

응, 엄마!

아빠가 있는 사람도, 없는 사람도 있어. 헤르베르트는 아빠가 없어도 엄마가 있으니 괜찮단다.

응!

지금은 어려서 이렇게 넘어가지만, 나중엔 아빠가 없다는 사실에 상처를 받겠지 ......

조금 더 환하게 웃으세요.

저희 아들 독사진도 찍어 주실래요?

아드님 독사진이요? 물론, 찍어 드리지요.

*근위대: 임금을 호위하던 부대

엄마는 아침 안 먹어?

엄마는 바쁘니 너부터 먹으렴.

그럼 나 오늘도 파울라 아주머니네 가야 해?

그래. 엄마는 출근해야 하거든.

힝…….

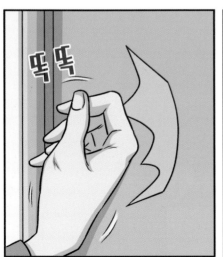

똑똑

죄송하지만, 오늘도 부탁할게요.

걱정 마. 헤르베르트는 말썽도 안 부리고 영리해서 돌보기 쉬우니까.

파울라가 없었다면 아이를 어떻게 키웠을지 모르겠어요.

헤르베르트, 말썽 부리지 말고 잘 있어야 한다.

엄마…….

아이고, 딱하기도 하지.

마르타는 혼자 아이를 키우며 쉬는 날 없이 일했기 때문에 헤르베르트를 이웃에 자주 맡겼습니다. 그래서 헤르베르트는 엄마와 떨어져 지내는 시간이 많았습니다.

아빠가 없는 소년 **17**

2년 뒤

딱

튀어 나간 구슬은
모두 내 거다!

이건 무효야!

맞아, 무효야!

이게 무슨 짓이야. 내가 이겼잖아!

몰라, 몰라. 이 구슬은 내 거야!

맞아!

너희 뭐야!

너희 지금 뭐 하는 거냐!
그만해!

아빠! 헤르베르트가
구슬을 뺏어 갔어요!

뭐?

맞아요.

아니에요. 구슬치기로 딴
제 구슬이 맞아요!

아빠, 쟤 지금 거짓말하는 거예요.

맞아요, 아저씨.

당장 아이들 구슬을 돌려줘라!

당장 돌려주래도!

너도 억울하면 아빠 불러.

하지만 부를 아빠가 없겠지?

탁

흑흑

헤르베르트, 어디 있니?
왜 불을 안 켜고 있어?

엄마…….

너 왜 울어!
무슨 일이야?

난 왜 아빠가 없어?
다른 애들은 다
아빠가 있잖아.

뭐?

애들이
아빠한테 버림받은 거냐고
얼마나 놀리는지 알아?

헤르베르트······.

버림받은 거 아니야.
그냥 아빠가 우리 곁에
안 계신 것뿐이야.

아니야!
난 버림받은 거야!

으아앙!

아빠가 없다는 사실은 어린 헤르베르트에게
커다란 마음의 상처를 남겼습니다.

휴, 좀 쉬었다 갈까?

너 요즘 구슬이 없어서 구슬치기도 못 한다며?

그러니까 순순히 구슬을 줬어야지.

너희랑 이제 안 놀 거야. 저리 비켜!

그러지 말고 우리 아빠한테 가서 구슬 하나만 달라고 해 봐.

네가 불쌍해서 한 개쯤 주실지도 모르잖아.

저 녀석들, 아주 못된 짓을 하고 있군.

아빠가 없다고 친구를 놀리다니. 그만두지 못하겠니!

으악!

아저씨가 무슨 상관이에요?

마, 맞아요.

그래도 이 녀석들이!

괜찮니? 다음부턴 친구들에게 당당히 맞서렴. 아빠가 없다는 건 놀림당할 일이 아니란다.

아빠가 있다면 이런 느낌일까?

아, 그런데 혹시 마르타 프람이라는 사람을 아니? 이 근처에 산다고 들었는데.

그건 저희 엄마 이름인데요?

아빠가 없는 소년 **25**

오늘 저녁은 뭘 먹나······.

엄마!

헤르베르트, 이제 오니?

엄마! 혹시 엄마한테 아빠가 있어?

엄마의 아빠? 당연히 있지.

그럼, 혹시 저분이야?

마르타!

아버지!

그런데 둘이 어떻게 만난 거예요?

할아버지가 골목에서 날 도와줬어.

정말?

하하, 별거 아니었단다.

할아버지! 그런데 왜 지금까지 안 찾아왔어요?

그동안 전쟁터에 있었단다. 큰 부상 없이 이렇게 무사히 돌아온 것이 행운이지.

정식으로 소개하마. 내가 바로 네 외할아버지 루트비히 프람이란다.

마르타 프람의 아버지인 루트비히 프람은 1914년에 일어난 제1차 세계 대전 때문에 몇 년 동안 전쟁터에 나가 있었습니다. 그래서 헤르베르트는 다섯 살이 돼서야 외할아버지를 만날 수 있었습니다.

요즘 사는 건 어떠니?

헤르베르트와 함께 아등바등 살고 있어요.

혼자 애를 키운다는 게 쉽지 않더라고요.

그랬구나. 여자 혼자의 힘으로 아이를 키우는 건 쉽지 않지.

내가 생각해 봤는데, 둘이 내 집으로 들어오지 않겠니?

네?

네?

얼마 전, 이 근처에 작은 집을 하나 얻었단다. 함께 살면 집세를 아낄 수 있으니 지금보다 살기 편할 거다.

그거야 그렇지요.

하지만 너무 큰 신세를 지는 것 같아서…….

그런 생각은 하지 마라.
나도 너희와 함께 살면
덜 외롭고 좋을 것 같구나.

엄마! 할아버지랑
같이 살면 안 돼?

엄마! 제발요.

아버지와 같이 살면
아빠가 없는 빌리에게
큰 위로가 되겠지?

알겠어요,
아버지.

만세!

잘 생각했다.

헤르베르트는 외할아버지인
루트비히의 집에서 살게 되었습니다.

어서 오너라.

할아버지, 빨리 나오세요!

헤르베르트, 낚싯대만 찾으면 되니 조금만 기다려라.

네!

놀러 가는 게 그렇게 좋니?

응, 꼭 아빠랑 놀러 가는 것 같거든. 정말 좋아.

네가 좋다니 엄마도 기쁘구나.

헤헤.

이제 출발하자!

헤르베르트는 외할아버지인 루트비히를 아빠처럼
따랐습니다. 그렇게 외할아버지는 아빠가 없는
헤르베르트 가족의 빈자리를 든든히 채워 주었습니다.

빌리 브란트의 성공 열쇠

빌리 브란트는 아버지가 없었다는 점, 가난한 노동자 가정 출신이었다는 점, 제2차 세계 대전 당시 잘못된 길을 가던 조국의 반대편에 섰다는 점 등 그 당시에 성공하기 어려운 조건을 많이 가지고 있었습니다. 하지만 이런 어려움에도 불구하고 그는 독일의 수상이자, 노벨 평화상의 수상자, 독일 통일을 상징하는 인물로 이름을 남길 수 있었지요. 과연 빌리의 어떤 점이 그를 위대한 인물로 남게 만들었을까요?

독일의 통일을 이끈 빌리 브란트

하나 < **가족의 도움!**

빌리의 어머니와 외할아버지는 노동조합에 가입해 활동한 노동자였습니다. 특히, 외할아버지는 빌리에게 노동자들의 고통스러운 현실과 회사의 부당한 대우에 어떻게 대처해야 하는지를 가르쳐 주었지요. 어머니 역시 빌리가 각종 사회주의 단체에서 활동할 수 있도록 배려해 주었습니다.

이런 가정환경 속에서 빌리는 어려서부터 자연스럽게 노동자 문제와 사회주의에 관심을 갖게 되었어요. 당시 가난한 노동자들은 학교에 가기보다는 어려서부터 직장에서 돈을 벌어 가족을 부양하는 경우가 많았습니다. 하지만 빌리는 사회 문제들을 더 공부하고 싶었어요. 외할아버지와 어머니는 어려운 경제 사정에도 불구하고 빌리가 학교에 계속 다닐 수 있도록 아낌없이 지원해 주었습니다. 이러한 가족의 이해와 배려가 있었기에 빌리는 청소년 시절, 다른 노동자 가정의 아이들과 달리 학교에 다니며 사회주의 운동에 참여할 수 있었어요. 만약 가족이 도와주지 않았다면, 빌리는 독일의 평범한 노동자 중 한 사람이 되었을지도 모른답니다.

독일 뤼베크의 빌리 브란트 고향 집
© Elisabeth S. Meyer–Lassahn

둘 〈 사회에 대한 관심

빌리는 청소년 시절부터 각종 사회주의 단체에서
활동했습니다. 당시 대부분의 청소년들에게 단체 활동은
친구들과 모여서 노는 친목 모임에 가까웠지만, 빌리는
사회적인 문제에 대해 토론하거나 신문사에 글을 보내
자신의 의견을 사람들에게 알리는 등 사회주의 활동에
적극적으로 참여했습니다.

빌리는 열일곱 살에 사회민주당에 가입했고, 유명한
사회주의자였던 율리우스 레버를 만나 많은 영향을
받게 됩니다. 몇 년 뒤, 히틀러가 정권을 잡으면서
사회주의자들이 극심한 탄압과 제약을 받자 스무
살이라는 어린 나이에도 불구하고 해외로 망명해
사회주의 활동을 계속 이어 나갔지요.

이후에도 빌리는 항상 사회 문제에 관심을 기울였고,
사회를 더 긍정적인 방향으로 변화시키기 위해
자신이 할 수 있는 온 힘을 다했습니다. 이런 빌리의
자세야말로 그가 진정으로 독일을 위해 노력하는
정치인이 될 수 있었던 바탕이었어요.

독일의 사회주의자 율리우스 레버
© Bundesarchiv

스웨덴의 수도 스톡홀름에 있는 빌리 브란트의
거리. 빌리는 스웨덴에서 기자로 활동했습니다.

who? 지식사전

냉전 시대

소련과 미국이 중심인 연합군은 독일과 일본을 상대해 제2차 세계 대전을 승리로
이끌었습니다. 하지만 곧 세계는 미국이 주도하는 자유 진영과 소련이 주도하는 공산 진영으로
분열되고 말았습니다. 이념이 달랐던 두 진영은 1945년 가을부터 1989년까지 팽팽한 긴장
상태를 유지했는데, 이 기간을 두 진영 사이에 '차가운' 전쟁이 지속된 기간이라는 뜻에서 '냉전
시대'라고 부릅니다. 이 기간에 양쪽 진영은 직접 맞붙어 싸우진 않았습니다. 앞서 두 번의 큰
전쟁을 겪었기 때문이지요.

냉전 당시의 유럽 지도
© Alphathon

셋　진지한 애국심

빌리는 사회주의 운동을 하면서 정부의 정책을 비판했지만, 그 비판만큼 나라가 더 올바른 방향으로 가길 원하는 애국자이기도 했습니다. 빌리는 독일이 제2차 세계 대전을 일으켰을 때에도 모든 독일인이 전쟁의 광기에 물들지 않았다는 것을 증명하기 위해 나치에 반대하는 활동을 하기도 했어요. 이 활동은 빌리에게 반역자라는 누명을 안겨 주기도 했지만, 반대로 다른 나라 사람들로부터 신뢰할 수 있는 독일인, 양심이 살아 있는 진정한 애국자라는 평가를 받았습니다.

이처럼 진정한 애국이란 국가의 뜻이 정당하지 못하더라도 불만 없이 순순히 따르는 게 아닙니다. 히틀러가 이끈 독일처럼 국가가 잘못된 방향으로 나갈 때, 올바른 길로 나아갈 수 있도록 반대하는 것도 애국의 한 방법입니다. 빌리는 독일을 전쟁으로 이끈 나치 정부에 적극적으로 반대함으로써 진짜 애국심이 무엇인지를 몸소 보여 준 인물이었습니다.

빌리 브란트는 폴란드를 방문해 독일의 잘못을 진심으로 사죄했습니다. ⓒ Robert Wielgórski a.k.a. Barry Kent

who? 지식사전

가정 환경의 어려움을 극복한 사람들

역사에 이름을 남긴 위인 중 빌리 브란트처럼 어린 시절, 아버지나 어머니 없이 자라며 어려움을 겪은 사람들이 많다는 것을 알고 있나요? 다음의 사람들은 모두 빌리처럼 조금은 복잡한 가정 환경에서 자랐지만, 어려운 환경을 훌륭히 극복해 냈습니다. 그리고 각자 자신의 분야에서 역사에 길이 남을 찬란한 업적을 세웠지요.

르네상스 시대의 화가이자 과학자
레오나르도 다빈치

• 레오나르도 다빈치(1452~1519년): 인류 최고의 천재로 평가받는 예술가로 〈최후의 만찬〉, 〈모나리자〉 같은 훌륭한 그림을 그렸습니다.

• 조반니 보카치오(1313~1375년): 이탈리아를 대표하는 소설가로 《데카메론》을 집필해 르네상스 시대를 이끌었습니다.

넷 평화를 위한 노력

제2차 세계 대전이 끝난 뒤, 유럽은 많은 변화를
겪었습니다. 히틀러의 침략을 받았던 동유럽
나라들은 대부분 소련의 영향을 받아 공산주의
국가가 되었고, 독일 역시 반으로 나뉘어 서독은
자유주의, 동독은 공산주의 체제가 되었습니다.
빌리는 독일이 다시 통일되기 위해서는 동독과
같이 공산주의 체제를 선택한 주변 동유럽
국가들의 이해가 필요하다고 생각했습니다. 그래서
공산주의 국가들과 외교를 맺기 위한 '동방 정책'을
추진했고, 그 결과 소련을 비롯한 동유럽 국가들과
외교를 맺는 데 성공하지요. 빌리의 정책은 그가
정치에서 물러난 이후에도 계속 이어졌고, 1990년
독일은 통일을 이루었습니다. 만약, 빌리가 평화를
선택하는 대신 공산주의 진영과 끝없이 대립했다면
독일의 통일은 훨씬 뒤로 미뤄졌을 것입니다.

독일 나치당을 이끈 핵심 인물들(맨 왼쪽에서부터 히틀러,
괴링, 괴벨스)

독일 통일 직전, 동독에서 연설하는 빌리 브란트
ⓒ Bundesarchiv

- 알렉상드르 뒤마(1802~1870년): 프랑스의 소설가로 우리에게도 잘 알려진
  소설 《삼총사》와 《몬테크리스토 백작》을 썼습니다.

- 윌리엄 1세(1027~1087년): 노르만 왕조의 시조로 영국의 일부인 잉글랜드를
  정복하고 왕위에 올라 '정복왕 윌리엄'이란 별명을 얻었습니다.

- 헨리 스탠리(1841~1904년): 영국 출신의 세계적인 탐험가로 아프리카를
  탐험하며, 당시 실종된 것으로 알려졌던 리빙스턴 박사를 구조했습니다.

- 스티브 잡스(1955~2011년): 애플사의 창업자로 개인용 컴퓨터를 비롯해
  '아이폰'과 '아이패드' 등 세상을 바꾼 혁신적인 전자 제품을 만들었습니다.

개발자이자 기업가인 스티브 잡스
ⓒ Acaben

2 어린 사회주의자

제1차 세계 대전 이후, 독일은 전쟁의 패배로 인해
물게 된 배상금 때문에 나라 사정이 무척 안 좋았습니다.

전쟁에서 패배하고 난 뒤
나라 경제가
완전히 무너졌어.

독일의 제조 공장

여기서 임금을 더 깎으면
생활이 불가능해.
하지만 일자리가 없으니
공장에서 나갈 수도
없어.

이대로는 안 돼.
난 노동조합에
가입하겠어.

물건이 잘 안 팔리니,
임금을 깎겠다. 불만이 있으면
공장에서 나가도록!

노동조합?
사회주의자들이
만들었다고 하는?

그래. 사회주의자들은
모두가 평등한 세상을 꿈꾼다고
하더라고. 그래서 노동자의 권리를
보호하기 위해 노동조합을
만들었대.

노조가입

경제가 어려워지자 노동자들은 형편없는 대우를 받으며 일해야 했습니다.
그러자 많은 노동자가 그들의 권리를 보호하기 위해 노동조합에 가입했습니다.

1921년, 뤼베크

임금을
올려 달라!

노동 시간을
줄여 달라!

정부가 우리의 요구를
들어주지 않으니,
우리는 노동을 거부하는
*파업에 돌입하겠습니다!

와!

마르타, 우리도
파업에 참여해야겠다.

네, 아버지.

*파업: 노동자들이 노동 조건의 유지 및 개선을 위해 일제히 작업을 거부함으로써
　　　사업자나 정부에 타격을 주려는 행위

며칠 뒤

엄마, 빵이 모자라요. 달걀이나 햄도 없고.

으음, 그건 말이지⋯⋯.

헤르베르트, 당분간은 음식이 줄어들 거다.

왜요?

왜냐하면 할아버지랑 엄마가 파업에 참여하느라 일을 못 하기 때문이란다.

일을 못 하신다고요?

그래. 노동자들의 요구를 회사와 정부에서 들어주지 않으니, 노동을 거부할 수밖에 없단다.

이 시기 뤼베크에서도 노동자들에 대한 부당한 대우가 계속되었고, 노동자들은 파업을 결심했습니다. 노동조합의 일원이었던 외할아버지와 엄마도 파업에 참여했습니다.

할아버지처럼 파업에 참여한
노동자들인가 보다.
다들 무척 배고파 보여.

마, 맛있겠다!

괜히 봤다.
배만 더 고프네.

꼬르륵

어이, 꼬마야.

너 루트비히 씨네 아이 맞지?
난 할아버지가 일하는
공장의 감독관이란다.

루트비히 씨는
요즘 뭐 하시니?

집에서
쉬고 계셔요.

그래, 그렇겠지.
꼬마야, 잠깐만
기다려 줄래?

끼익

자, 루트비히 씨네
가족에게 주는
선물이다.

저, 정말

할아버지한테 이제 그만
일하러 나오시라고 해라.
먹고살아야 할 것
아니냐.

고맙습니다.
잘 먹을게요!

할아버지!
이것 좀 보세요.
공장 감독관이
선물을 줬어요!

뭐?

당장 그 빵을
돌려줘라!

왜요?
할아버지랑 엄마도
빵 좋아하시잖아요.

헤르베르트!

잘 들어라. 할아버지는 공장의 부당한
대우에 맞서서 파업을 하는 중이다.
그런 나에게 공장 사람이 선물을 주면
그것이 무엇이겠니?

그게 바로
뇌물이란다.

뇌물이라고요?

저, 전 몰랐어요.

그럼 이제부터
똑똑히 알아라.
우리는 거지가 아니야.

우리는 일을 한 만큼,
정당하게 대우받기를
원하는 것뿐이다.
그것은 이런 빵 두 조각보다
훨씬 가치 있는 것이란다.

감독관은 정당한 대우를
받기 원하는 할아버지를
고작 빵 두 조각으로
설득하고자 한 거였어!
난 그것도 모르고……

영리한 너라면 할아버지가
무슨 말을 하는 건지
알아들었을 거다.
그러니 빵을 돌려주고 오렴.

네! 그렇게 할게요.

감독관 아저씨, 빵 돌려 드릴게요!

아니, 왜?

우리 가족에게 뇌물은 안 통하니까요!

이 사건은 어린 헤르베르트에게 큰 깨달음을 주었고, 헤르베르트는 이 일로 노동자들의 권리에 대해 생각하게 되었습니다.

몇 년 뒤

헤르베르트,
정말 고등학교에 진학할
생각이냐?

네, 할아버지.

우리 형편에
네 학비를 대 주긴
힘들 것 같다.

알고 있어요.
그래서 장학금을 받도록
노력하고 있어요.

그렇게까지 해서라도
진학하고자 하는 이유가
무엇이냐?

여러 가지 이유가
있지만……

가장 큰 이유는
모두가 잘살 수 있는 세상을
만들고 싶기 때문이에요.
고등학교에 진학해 더 많은
것을 배우면 조금이나마
가능하지 않을까요?

그건 쉽지 않은
일이란다.

알고 있어요.
하지만 사회주의는 모두 함께
잘사는 게 가능하다고 해요.
그들이 만든 노동조합을 보세요.
노동조합 때문에 노동자들의
삶은 많이 달라졌잖아요.

저 정말 잘할 수
있어요, 할아버지.

너의 결심이
정말 대단하구나.
잘해 보거라.

노동자 가정의 아이들 대부분이 학교에 가지 않고 일을 할 때,
헤르베르트는 고등학교에 진학하기 위해 노력했습니다. 그리고
얼마 뒤, 장학금을 받고 고등학교에 입학하는 데 성공합니다.

다음 날

헤르베르트, 어서 와!

이렇게 나오니까
정말 좋다.

그러게.

헤르베르트, 너 저번에
보니 사회주의자 카를
마르크스의 책을 읽더라?

정말? 그거 무척
어려운 책 아니야?

어렵긴 하지만 읽을 가치는 있어. 왜냐하면, 노동자들에게 생기는 어려움과 문제점을 정확하게 말해 주거든.

하지만 우리 아버지는 그 책의 주장이 현실에서는 이뤄지기 힘들 거라고 하시던걸?

뭐?

아니야. 러시아는 마르크스의 이론을 바탕으로 혁명에 성공했어.

하지만 러시아의 혁명이 제대로 된 사회주의 혁명인 걸까?

솔직히 거기까진 나도 모르겠어.

자자, 복잡한 이야기는 그만두고 야유회를 왔으니 신나게 놀아 보자고!

고등학교에 들어간 헤르베르트는 사회주의에 관심 있는 친구들과 어울리며 함께 지식을 쌓아 나갔습니다.

친구들과 토론하는 것도 좋지만, 더 많은 사람에게 내 의견을 알리고 싶어.

그러려면 신문에 글을 싣는 것이 가장 좋은 방법일 거야.

아니야. 시도해 봐서 나쁠 건 없어!

하지만 고등학생인 내 글을 실어 줄 신문이 있을까?

고등학교에 다니며 정치적인 문제에 더욱 관심이 많아진 헤르베르트는 열여섯 살 무렵부터 사회주의 정당인 사회민주당에서 발간하는 〈뤼베크 인민의 소식〉에 기사를 *투고하기 시작했습니다.

*투고: 의뢰를 받지 않은 사람이 신문이나 잡지에 실어 달라고 원고를 써서 보내는 일

신문에 익명의
고등학생 글이 실렸더라.
네가 쓴 거지?

어? 어떻게
아셨어요?

이 마을에 사는 고등학생 중에
이렇게 논리적으로 글을 쓸 사람은
너밖에 없다. 암! 없고말고.

과찬이세요.

헤르베르트, 그런데
요즘 인기를 얻고 있는
나치당에 대해서
들어 본 적 있니?

나치당이요?
그럼요, 들어 봤지요.

요즘 학교에서도
나치당과 히틀러가
굉장히 화제라고요.

당시 독일은 제1차 세계 대전에서 패배한 대가로 큰 액수의 전쟁 배상금을 물어야 했습니다. 그래서 나라의 경제가 무척 어려워졌지요. 그러자 히틀러와 그가 이끄는 나치당은 전쟁에 대한 책임을 거부하며 독일의 부흥을 약속했습니다.

나치당 만세!

히틀러 만세!

전쟁 배상금을 왜 물어야 합니까! 나는 우리를 패배로 몰아넣은 승전국들의 무리한 요구를 단호하게 거절합니다!

오직 우리 나치당만이 독일의 재건을 약속드립니다! 독일이여! 영광 있으라!

독일이여! 영광 있으라!

독일이여! 영광 있으라!

전쟁 배상금을 주지 않겠다는 나치당의 주장은 사람들에게 엄청난 인기를 끌었습니다. 하지만 나치당의 주장에는 문제가 있었습니다. 독일이 전쟁에 대한 책임을 지지 않는다면, 승전국들이 가만히 있지 않을 것이기 때문이었습니다.

할아버지는 나치당을 어떻게 생각하세요?

너도 알다시피 나는 전쟁터에 나가서 총을 들고 싸웠어. 독일의 영광을 위해서라는 이유로 말이다.

하지만 우리에게 남은 건 뭐지? 독일은 전쟁에서 졌고 값싼 임금과 높은 세금, 치솟는 물가……. 피해는 모두 우리 같은 노동자들이 입고 있지.

독일의 영광을 위해 이번에는 무엇을 희생해야 할지. 또 다른 전쟁이 일어나는 것은 아닌지 무섭구나.

하지만 그걸 모르는 사람들이 많은 것 같아서 걱정이다.

그렇군요.

젊은이들은
자칫 히틀러의 말에
넘어가기 쉽지만,
넌 그러지 말아라.

걱정 마세요,
할아버지.

할아버지 이야기를 듣고 나니,
히틀러가 얼마나 위험한
인물인지 알겠어.

헤르베르트는 외할아버지와 이야기를 나누며,
히틀러와 나치당이 굉장히 위험하다는 것을
깨닫게 되었습니다.

독일은 앞으로
어떻게 되는 걸까?

헤르베르트,
어디 가니?

오늘 중요한 사람을
만나요. 다녀와서
말씀드릴게요.

실례합니다.

오늘 방문하기로 한 헤르베르트 프람입니다.

프람?

어디서 들어봤는데?

왜 있잖아요. 작년부터 종종 기사를 써 보내던 고등학생.

아아, 헤르베르트 프람! 맞아! 내가 오늘 오라고 했었지.

난 〈뤼베크 인민의 소식〉 편집장인 율리우스 레버네.

편집장이 내 이름을 기억하고 있어.

자네 글은 나이답지 않게 깊이가 있더군.

그래서 말인데. 이 기회에 우리 신문에 고정적으로 기사를 쓰지 않겠나?

네? 전 고등학생인데요.

학업에 방해가 안 된다면 해 보도록 해. 기사를 쓰다 보면 세상을 보는 눈을 기를 수 있거든.

그렇다면, 해보겠습니다!

좋아, 헤르베르트! 이제 자네는 청소년 문제를 담당하도록 해.

우리 같은 어른이 아닌 청소년의 눈으로 기사를 쓰는 거야. 잘할 수 있겠지?

네! 앞으로 잘 부탁드립니다!

이렇게 헤르베르트는 신문사 기자로서 사회에 첫발을 내딛게 되었습니다.

제1차 세계 대전 이후의 독일

하나 제1차 세계 대전

제1차 세계 대전 당시의 전쟁터

제1차 세계 대전은 독일, 오스트리아, 이탈리아가 주축이 된
동맹국과 영국, 프랑스, 러시아가 주축이 된 연합국 사이에서
벌어진 전쟁입니다. 1914년 7월 28일, 오스트리아와 세르비아
간의 다툼으로 시작된 이 전쟁은 1918년 11월 11일 연합국의
승리로 막을 내릴 때까지 900만 명의 사망자가 발생했을
정도로 양 진영에 엄청난 피해를 줬어요. 특히, 이 전쟁의
패전국이 된 독일과 동맹국들은 국가 재정이 완전히 붕괴될
정도로 막대한 피해를 입었습니다.

둘 바이마르 공화국과 베르사유 조약

전쟁이 계속되는 동안, 정부의 거짓 선전에 속아 전쟁에서
이기고 있는 줄만 알았던 독일 국민들은 전쟁에 패배했다는
소식을 듣고 혼란에 빠졌습니다. 독일 국민들의 혼란은 곧
분노로 이어졌고, 해군들의 주도로 반란이 일어났지요.
이 반란으로 독일 황제였던 빌헬름 2세가 네덜란드로
도피하면서 독일 제국은 붕괴하고 말았습니다. 이후, 1919년
바이마르에서 소집된 국민 회의에서 헌법이 제정되며 독일은
바이마르 공화국으로 불리게 되었어요. 하지만 나라의
지도부가 바뀌었다고 해서 전쟁을 일으킨 책임을 벗어날 수는
없었습니다. 그래서 1919년 6월 28일, 승전국들은 프랑스
베르사유에서 회의를 열었습니다. 전쟁에서 패배한 동맹국에
전쟁 때문에 입은 피해를 보상하라고 요구하고, 그들이 다시는
전쟁을 일으킬 수 없도록 다양한 조처를 하기 위해서였지요.
회의 결과 독일은 당시 금액으로 1,320억 마르크에 달하는

베르사유 조약 체결 당시의 모습

천문학적인 금액을 배상하게 되었습니다. 그리고 해외
식민지를 모두 잃고 영토의 일부인 알자스 지방을 프랑스에
넘겨야 했지요. 독일을 포함한 패전국에 전쟁 책임을 물릴
것을 결의한 이 회의는 '베르사유 조약'으로 불립니다.

세계 대공황으로 거리에 내몰린 실직자들
ⓒ Bundesarchiv

셋 대공황

대공황은 1929년부터 시작된 사상 최대의 경제 위기를
말합니다. 1929년 10월, 뉴욕 증권 거래소에서 주가가
갑자기 폭락하자 기업들이 파산하면서 실업자가 급속도로
늘어났어요. 그 여파로 미국에서만 전 노동자의 30퍼센트인
1,500만 명이 실업자가 되었습니다. 이 충격은 바다 건너
유럽으로도 이어져 은행과 기업들이 줄줄이 문을 닫았고,
대부분 나라의 경제 수준이 20년 가까이 후퇴했지요.
독일 역시 대공황의 영향을 받았습니다. 독일은 이 시기
베르사유 조약에서 정해진 전쟁 배상금을 갚으면서 폐허가
된 나라를 겨우 일으켜 세우고 있었어요. 이때, 세계
대공황이 닥치자 그동안 노력해 왔던 것이 완전히 물거품이
되었습니다. 물가는 나날이 치솟아 사람들은 아무리 열심히
일해도 먹고살기가 어려웠지요.

제1차 세계 대전
이후 독일은
정치, 경제, 사회적으로
어려움을 겪게
되었어요.

who? 지식사전

히틀러와 나치당

나치는 원래 아돌프 히틀러가 활동했던 '국가사회주의독일노동자당'을 줄여 부른 말로,
히틀러의 반대파들이 당을 낮춰 부르던 명칭이었습니다. 처음에 이 당은 제대로 된 이름도
없는 노동자들의 정치 모임에 불과했습니다. 하지만 히틀러가 당에 가입하면서 점점 과격한
성격을 띠게 되었어요. 당의 성격이 변하는 것을 두려워한 창립자들은 히틀러에게 반발하기도
했지만 모두 쫓겨났고, 히틀러는 당에서 절대 권력을 갖게 되었습니다. 이후, 히틀러는 독일의
영광을 재현한다는 헛된 약속과 탁월한 연설 실력을 앞세워 큰 인기를 얻었습니다.

나치당을 이끈 아돌프 히틀러
ⓒ Bundesarchiv

넷 히틀러의 등장

대공황으로 큰 혼란에 빠진 독일에서 인기를 끈 것은
아돌프 히틀러의 나치당이었습니다. 히틀러는 연설을
통해 사람들의 마음을 사로잡는 방법을 아는 사람으로,
전쟁의 패배와 대공황, 베르사유 조약으로 인한 과도한
전쟁 배상금 때문에 시름에 빠진 독일 국민들에게 헛된
희망을 심어 주었어요. 히틀러는 국민들에게 전쟁에 대한
책임을 지지 않아도 된다고 주장하며, 독일에 과도한
전쟁 책임을 요구하는 승전국들을 강하게 비난했습니다.
독일 국민들은 힘든 현실을 잊게 해 주는 히틀러의
주장에 많은 지지를 보냈습니다. 제1차 세계 대전의
패배로 좌절해 있던 독일 국민들에게 독일의 영광을
약속하는 히틀러는 마치 나라를 구원할 영웅처럼
보였기 때문이었지요. 그래서 1928년 선거에서 겨우
2.6퍼센트의 지지를 받았던 나치당은 대공황이 닥친
직후인 1930년 선거에서 18.3퍼센트의 표를 얻었습니다.
그리고 2년 뒤인 1932년 선거에서는 다른 정당을 모두
제치고 제1당의 자리를 차지하며 독일의 가장 큰 정치
세력으로 떠올랐지요.

나치당의 행진과 환호하는 사람들 ⓒ Bundesarchiv

1932년, 독일의 수상
투표용지. 두 번째 칸에
히틀러의 이름이 쓰여
있습니다.

who? 지식사전

나치의 상징, 하켄크로이츠

하켄크로이츠는 '갈고리 십자가'라는 뜻으로 히틀러가 통치했던 제3제국의
상징입니다. 원래 중세 시기 독일의 튜튼 기사단이 사용하던 상징으로 유럽 각국에
이 문양을 사용한 기록이 남아 있어요. 하지만 나치당이 이 문양을 앞세워 유럽
곳곳에서 전쟁과 학살을 일으키자, 하켄크로이츠는 유럽 사람들에게 악몽의 상징이
되고 말았습니다.
현재 하켄크로이츠는 악행의 상징으로 여겨져서 독일뿐만 아니라 유럽 전역의
공공장소에서 사용이 금지되고 있습니다. 만약, 이 문양을 사용할 경우 법적으로
처벌받을 수도 있어요.

나치당의 상징이 된 하켄크로이츠

다섯 바이마르 공화국의 몰락

제1당이 된 나치당의 히틀러는 이듬해 수상의 자리에
올랐습니다. 그런데 바로 얼마 뒤, 독일의 국회
의사당에서 의문의 방화 사건이 일어났습니다.
히틀러는 이 방화 사건을 자신에게 반대하는
공산주의자들의 테러로 선언했고, 곧바로 비상시
특별법을 발표했습니다. 이 법에 따라 나치당은
독일 정부에 반대하는 공산주의자와 사회주의자,
민주주의자 등을 강제로 감금하거나 처벌할 수
있는 특권을 얻게 되었습니다. 이 법이 시행되면서
바이마르 공화국은 사실상 끝이 났고, 실질적으로
히틀러와 나치당이 통치하는 '제3제국'의 독재가
시작되었습니다.
히틀러는 권력 기반이 탄탄해지자 평소 열등하다고
생각했던 유대인과 집시, 장애인 등을 탄압했습니다.
또한, 베르사유 조약을 무시하고 군대를 확충하기
시작했지요. 이런 상황 속에서 히틀러는 독일에 의한
유럽 지배를 계획했고, 그의 야망은 제2차 세계 대전으로
이어졌습니다.

제2차 세계 대전 중 미국과의 전쟁을 선포하는 히틀러
ⓒ Bundesarchiv

제3제국

제3제국은 히틀러가 정권을 잡은 1934년부터 독일이 제2차 세계 대전에서 패전한
1945년까지의 독일을 일컫는 말입니다. 역사적으로 독일 지역에는 두 개의 제국이
존재했습니다. 첫 번째는 10세기부터 19세기 초까지 존재했던 신성 로마 제국이고,
두 번째는 1871년부터 1918년까지 존재했던 독일 제국입니다. 독일 제국은 유럽의
강대국으로 독일인들은 그에 대한 자긍심을 가지고 있었습니다.
히틀러는 자신의 지배 기간을 세 번째 제국, 즉 제3제국으로 선포함으로써 과거의
영광을 동경하던 독일인들의 지지를 이끌어 냈을 뿐만 아니라 제국의 땅을
되찾는다는 핑계로 타국을 침략할 수 있는 근거를 만들었습니다.

제3제국의 국장

3 망명을 떠나다

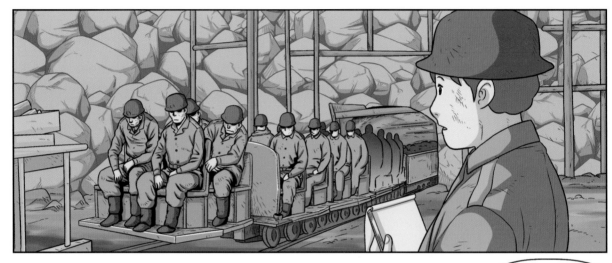

하루에 열두 시간을 햇빛도 들지 않는 광산에서 일해야 한다니.

광산 노동자들의 하루 근로 시간이 너무 길어! 이걸 가지고 기사를 써야겠어.

노동 시간이 많다고 해서 생산이 많아지는 것은 아니다. 근로 시간을 줄여야 한다. 흠, 좋군.

하지만 광산 노동자들이 한 번도 쉬지 않고 일한다는 구절은 왜 넣었지? 이 이야기는 거짓이야.

그, 그건 독자들에게 광산 노동자들의 삶이 힘들다는 것을 조금 더 강조하기 위해…….

의도는 좋지만, 신문 기사에 그런 거짓은 용납될 수 없어!

기사에 거짓이 있다는 것이 드러나면 사람들은 중요한 사실마저 거짓이라고 생각하지. 그래서 기자는 언제나 생생한 사실만을 이야기해야 해!

헤르베르트는 율리우스 레버를 통해 기자의 역할과 언론의 가치를 알게 되었고, 사회주의 노동 운동에 더 적극적으로 참여하게 되었습니다.

노동자의 삶을 누구보다 잘 알기에 저렇게 적극적으로 행동할 수 있는 거야. 나도 레버 씨 같은 사람이 되고 싶어.

헤르베르트, 잠깐 이리 와 보게.

자넨 또래에 비해 노동 운동에 관심이 많더군. 그래서 말인데, 사회민주당의 정식 당원으로 들어오지 않겠나?

네?

편집장님, 농담이시죠? 헤르베르트는 겨우 열일곱 살이에요.

당원이 되기에는 너무 어려요

아니, 지금 당에는 헤르베르트 같은 열정 있는 젊은이가 필요해.

자넨 당원이 되는 것에 대해 어떻게 생각하나? 당원이 되면 원하는 공부를 할 수 있도록 장학금도 나올 거야.

그리고 당에 네 의견을 더
적극적으로 말할 수 있지.

내 의견을?

하지만 당의 주장에 따라
위험한 일을 해야 할 수도 있어.
그러니 잘 생각해야 돼.

당에 가입한다는 것은
당이 하는 일에
나도 책임을 진다는 거야.
내가 감당할 수 있을까?

결심했습니다.
정식 당원이 되고
싶습니다!

그럴 줄 알았어!

헤르베르트는 레버의 추천으로 사회민주당의 정식 당원이 되었습니다.
당원이 되기에는 어린 나이였지만, 성인 당원 못지않은 생각과
활동을 보여 줬기에 가능한 일이었습니다.

실업의 가장 심각한 점은 가정이 붕괴된다는 것입니다.

맞습니다. 따라서 회사는 노동자뿐 아니라 그 가족의 생계까지 책임지고 있다는 생각을 해야 합니다!

현재 시위장은 당장에라도 충돌이 일어날 것 같은 분위기입니다. 노동자의 입장은······.

이 기자의 기사는 정확하면서도 감동적이야.

최연소 당원이더라고.

제2의 율리우스 레버가 탄생했어.

헤르베르트는 사회민주당 당원으로서 활발하게 활동했습니다.

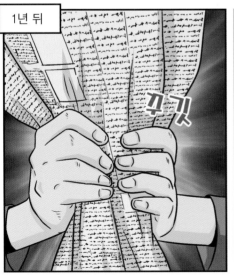

1년 뒤

꾸깃

헤르베르트, 무슨 문제 있나?

사회민주당의 지지율이 떨어지고 있습니다. 그리고 독재를 지지하는 나치당이 점점 세력을 얻고 있어요!

나치가 이렇게 힘을 키우는데 당은 그저 바라보기만 하는 건가요?

네 마음은 이해한다. 하지만 가끔은 상황을 지켜볼 필요도 있어.

지켜보기만 하다가는 늦어요!

요즘 사회민주당은 너무 소극적입니다. 목표를 달성하기 위해서는 위험을 무릅쓰고라도 투쟁을 해야 한다고요!

헤르베르트! 이 당은 너 혼자만의 당이 아니야!

이대로 가만히 있을 순 없어요. 전 제 길을 가겠어요!

헤르베르트!

당시 사회민주당은 정책을 펼치는 것에 있어 격렬한 투쟁보다는 평화적인 방법인 연설과 선거 등을 선택했습니다. 하지만 결과적으로 당의 지지율은 떨어졌고, 젊은 나이였던 헤르베르트는 그것을 매우 답답하게 여겼습니다.

몇 달 뒤, 헤르베르트는
사회주의노동자당에 가입했습니다.

여러분도 알다시피
전 사회민주당에서
탈퇴했습니다.

왜냐하면 그들의 소극적인
태도에 반대했기 때문입니다!

투쟁해 보지도 않고
패배하는 것은 비겁한
행동입니다. 그리고
비겁한 행동이야말로
당이 가장 하지 말아야
할 일입니다.

전 저희의 주장을
정부가 받아들일 때까지
투쟁을 계속할
것입니다!

와아아!

짝짝짝

짝짝짝

몇 달 뒤

허, 참.

그저 헛웃음만 나네.

이번 선거에서 우리 당을 지지한 사람이 전 국민의 0.2퍼센트밖에 안 돼.

심각한 문제야.

맞아. 당을 이끄는 데 가장 중요한 것은 사람들의 지지인데 말이야.

사회주의노동자당은 헤르베르트가 원하는 과격한 투쟁을 중심으로 하는 당이었지만, 당을 지지하는 세력이 너무 약했습니다.

반면 히틀러가 이끄는 나치당은 37퍼센트의 사람이 지지했어.

전 국민의 3분의 1이 넘는 수치잖아!

거기다 의석수도 230석이나 차지했어. 나치당이 제1당이 된 거지.

휴.

독일 헌법에 따르면 제1당을 이끄는 사람이 수상을 맡게 돼 있으니까 곧 히틀러가 수상이 되겠군.

히틀러 수상 만세!

사람들이 나치당을 저렇게 좋아하는 이유가 뭘까?

독일을 잘사는 나라, 위대한 나라로 만들어 주겠다고 하기 때문이 아닐까?

맞아, 하지만 그 과정에서 일어날 다른 나라와의 충돌과 누군가의 희생은 생각하지 않지.

그리고 무엇보다
그는 민주주의가 아닌
독재 정치를 옹호하고
있어.

나도 그게 가장 큰
문제라고 생각해.

그렇지. 히틀러는
자신과 의견이 다르면
언제든 탄압할 사람이야.

히틀러가 수상이 되면
어떤 일이 벌어질까?
상상만 해도 두려워.

끄덕

끄덕

1933년 1월 30일, 나치당의 아돌프 히틀러는
독일의 수상으로 임명되었습니다.

사회주의자들은 독일 민족의 우수성을 알리는
것보다 노동 문제와 평등한 분배에만 관심을
갖고 있어. 그들은 위대한 독일을 만들어 내는 데
방해물이 될 거야. 반드시 제거해야겠어!

저는 독일의 영광을 위해 온 힘을 다하고 있습니다. 그런 저에게 반대하는 사람들은 반역자임이 틀림없습니다! 저는 반역자를 반드시 처단하겠습니다!

헤르베르트의 우려는 사실이 되었습니다. 히틀러는 수상으로 취임한 뒤, 자신의 의견에 반대하는 사람들을 탄압하기 시작했습니다.

다 잡아가도록!

당에 반대하는 너 같은 놈은 위대한 독일에 필요 없어!

악!

으악!

나치당의 잘못을 이야기한 것만으로 감옥에 보낸다니 말도 안 돼!

사회주의자들이 정말 반역자인 걸까?

물론이지. 나치당에 반대하는 사람은 모두 독일의 반역자야!

나치당의 지지자들은 사회주의자뿐 아니라 나치당에 반대하는 모든 사람을 무자비하게 탄압했습니다.

1933년 3월 11일

여러분! 나치당의 탄압으로 인해 당은 중대한 결정을 내리게 되었습니다.

이제 독일은 사회주의자가 활동하기에 매우 위험한 곳이 되고 말았습니다. 그래서 저희 사회주의노동자당도 독일 내에서의 활동을 잠시 중단하고, 노르웨이 오슬로에 당 사무실을 만들기로 했습니다.

오슬로에 세워질 당 사무실의 운영 위원을 모집하니 많은 지원 부탁드립니다.

오슬로 지부라······.

헤르베르트!

야콥 사무국장님.

오슬로 지부에 지원하고자 합니다.

자네가 오슬로 지부에? 가서 잘 해낼 수 있겠나?

고등학교를 졸업한 뒤, 선박 회사에 다니며 꾸준히 외국어를 익혔습니다. 분명, 도움이 될 겁니다.

나도 열정이 넘치는 젊은 청년이 적임자라고 생각했네. 잘 생각했어.

사회주의를 실현하기 위해 온 힘을 다하겠습니다!

좋은 자세군. 고난이 닥치더라도 잘 헤쳐 나가도록.

며칠 뒤

엄마, 할아버지.
한동안 못 뵐지도
몰라요.

네가 꼭 가야
하는 거니?

엄마,
죄송해요…….

스무 살도 안 된 네가
이런 위험을 무릅써야 한다니.

그냥, 여기서
우리와 살면
안 되겠느냐?

할아버지, 죄송해요.
저는 이대로 나치당의
탄압에 굴복할 수 없어요.

다녀오겠습니다!
몸조심하세요.

노르웨이로 향하는 헤르베르트를 엄마와 외할아버지는 눈물로
배웅했습니다. 2년 뒤, 외할아버지가 돌아가셨기 때문에 안타깝게도
이것이 헤르베르트와 외할아버지의 마지막이었습니다.

배는 조금 뒤에 출발하니, 식당에서 몸이라도 녹이고 오시오.

예, 알겠습니다.

4월 1일. 헤르베르트는 노르웨이로 가기 위해 독일의 한 항구에 도착했습니다.

나치의 청년 당원들이군.

엇?

이야! 헤르베르트 아니야!

누, 누구……?

나야 나!
슈미트!

슈미트? 사회주의
청년 단원이었던
그 슈미트?

도대체 어느 때
이야기를! 난 지금
열렬한 나치당
지지자라고.

*하일 히틀러!

사회주의자는
죄악이야. 모두
죽여야 해!

떠돌이 집시와
유대인들도 죽여야 해!
그들은 쓸모없는
존재야!

헤르베르트, 설마 아직도 노동 운동이니
뭐니 하며 돌아다니는 건 아니겠지?

만약 내가 사회주의노동자당
당원이란 걸 알면 주저하지 않고
날 죽이려 들겠어……

*하일 히틀러: 나치당이 집권하던 시기에 사용했던 구호로, '히틀러 만세'라는 뜻

그, 그럴 리가 있나.

하긴 네가 진작에 사회민주당을 탈퇴했다는 소문은 들었지.

그런데 여긴 무슨 일로 왔냐?

밤낚시가 운치 있다고 해서…….

밤낚시? 폭풍우가 올지도 모르는 이 밤에?

슈미트! 뭘 모르는군. 이런 날이야말로 진정한 낚시를 즐길 수 있는 거라고!

그래?

엇! 시간 다 됐다!

난 이만 갈게. 다음에 또 보자.

오! 그래. 너도 잘 지내라.

*망명: 정치적인 이유로 자기 나라에서 박해를 받거나 박해를 받을 위험이 있는 사람이 외국으로 몸을 피하는 일

크, 큰일
날 뻔했어!

표정이 왜 그렇소?
마치 유령이라도
본 것 같군.

옛 친구를 만났어요.
그런데 그 친구가 지금은
유령보다 더 무섭네요.

1933년 4월 2일 새벽, 헤르베르트는 작은 고깃배를 타고 독일을 떠나
*망명 길에 올랐습니다. 이때, 그의 나이는 고작 스무 살이었습니다.

노벨 평화상을 받은 정치인들

대중 앞에서 연설하는 빌리 브란트 ⓒ Bundesarchiv

빌리 브란트는 동방 정책을 펼쳐 독일에 대한 감정이
좋지 않았던 소련을 비롯한 동유럽 공산 국가와 외교를
시작했습니다. 이 일은 팽팽한 긴장 속에서 전쟁의 위기를
겪고 있던 유럽 대륙에 평화를 정착시키는 역할을 했지요.
이후, 빌리는 유럽 평화에 대한 공을 인정받아 1971년
노벨 평화상을 받았습니다. 이처럼 노벨 평화상은 세계
평화를 위해 이바지했다고 평가되는 사람에게 주어지고,
그중에는 빌리 브란트처럼 정치인 출신인 사람들이
많습니다. 그것은 한 나라를 이끄는 '정치'라는 분야가
평화를 유지하는 일과 가장 직접적인 연관이 있기
때문일 것입니다. 그럼 빌리처럼 노벨 평화상을 받은
정치인에는 누가 있는지 한번 알아볼까요?

하나 ▶ 동북아시아의 평화 전도사, 김대중

부시 대통령과 함께 청와대 앞을 걷는 김대중 대통령

대한민국의 제15대 대통령인 김대중은 젊은 시절부터
조국의 민주화와 동북아시아의 평화를 위해 노력했습니다.
독재 정치 아래에서 끊임없이 목숨을 위협받았지만,
그는 정치인으로서 자신의 신념을 굽히지 않았지요.
김대중은 대한민국이 진정한 민주주의 국가를 이룩하는
데 큰 영향을 끼쳤고, 1998년 2월 대한민국의 대통령이
되었습니다. 1999년에는 아시아에서 가장 영향력 있는
지도자 50인에 공동 1위로 선정되기도 했지요.
대통령이 된 김대중은 이후, 세계 여러 나라를 방문하며
평화적 외교 활동을 펼쳤어요. 1998년에는 동남아시아
국가 연합과 중국, 일본 등을 방문했고, 2000년에는 북한을
방문해 6·15 남북 공동 선언을 이끌어 냈습니다. 이것은

군사적인 긴장감이 팽배해 있던 동북아시아의 화해 분위기
조성에 긍정적인 역할을 했습니다.
김대중은 젊은 시절부터 해 온 민주화에 대한 노력과
대통령이 된 뒤 이뤄 낸 동북아시아 평화에 대한 공로를
인정받아 2000년에 노벨 평화상을 받았습니다.

노벨 평화상을 받는 김대중 대통령

둘 ▷ 냉전 시대의 막을 내린, 미하일 고르바초프

미하일 고르바초프는 지금은 사라진 소련(소비에트
사회주의 공화국 연방)의 정치가이자 대통령입니다. 소련은
1922년에 수립된 국가로 공산주의라는 사상 아래에 러시아를
중심으로 여러 동유럽 국가가 연합한 연방 국가였습니다.
소련은 제2차 세계 대전이 끝난 뒤부터 미국과 함께 세계를
주도하는 국가로 성장했고, 소련과 미국은 서로 견제하며 세계
곳곳에서 충돌하기 시작했지요. 이 상황은 '차가운 전쟁'이
지속되는 시기라는 의미로 '냉전 시대'라고 불렸어요.
그러다 1985년, 소련의 제1 권력자가 된 고르바초프는
당시 상황에서는 상상할 수 없을 정도의 과감한 개혁
정치를 펼쳤습니다. 공산주의가 아닌 국가들과는 교류의
문을 꽁꽁 닫고 있던 소련을 개방하기 시작한 것이지요.
이어 그때까지 공산주의 정당에 의해 독재적으로
통치되고 있었던 소련 사회에 민주적인 정치 요소들을
끌어들였고, 이에 따라 소련의 영향력 아래에 있던 동유럽
공산 국가에서도 민주적인 개혁이 일어났습니다.
1990년, 고르바초프는 소련 최초로 대통령에
선출되었어요. 그리고 소련과 미국의 대립을 완화한

미하일 고르바초프 ⓒ RIA Novosti archive

공로를 인정받아 노벨 평화상을 수상했지요. 1991년에는
소련을 해체하기로 결정했고, 이 결정에 따라 소련은 역사
속으로 사라지게 되었습니다. 이로써 미국과 소련의 극한
대립이 이어지던 냉전 시대는 완전히 막을 내렸답니다.

아웅산수찌의 가족사진(가운데 앉은 흰색 옷을 입은 아이가
아웅산수찌)

국회 의원이 된 아웅산수찌 ⓒ Htoo Tay Zar

셋 미얀마 민주화의 상징, 아웅산수찌

아웅산수찌는 미얀마의 독립 영웅 아웅산의 딸로 외국에서
학문을 연구하며 살고 있었습니다. 그러다 1988년 어머니의
병간호를 위해서 잠시 귀국했어요. 그런데 이 시기
미얀마에서는 군부 독재에 저항해 민주화 운동이 일어났고,
아웅산 장군을 잊지 못한 사람들은 아웅산수찌가 아버지의
뜻을 이어 미얀마를 위해 함께 투쟁해 주길 바랐습니다.
아웅산수찌는 지지자들의 희망을 받아들여 군부 독재에
저항하기 시작했어요. 그러자 미얀마의 군사 정부에서는
아웅산수찌를 위험인물로 간주했습니다. 하지만
미얀마를 건국한 영웅의 딸인 그녀를 다른 사람들처럼
암살하거나 쫓아낼 수 없었던 군사 정부는 아웅산수찌의
자유를 박탈하고, 무려 15년 동안이나 집에 감금시켰습니다.
1991년, 아웅산수찌는 미얀마의 민주화 운동을 이끈
공을 인정받아 노벨 평화상을 받았지만, 상을 직접 받을
수 없었습니다. 군사 정부에 의해 감금당한 상태였기
때문이었지요. 아웅산수찌는 2012년에 이르러서야 비로소
21년 전에 받은 노벨 평화상에 대한 수상 연설을 할 수
있었답니다.

넷 미국 최초의 흑인 대통령, 버락 오바마

버락 오바마는 미국의 제44대 대통령이자, 미국 최초의 흑인
대통령이에요. 그는 오랜 인종 차별의 역사를 가진 미국에서,
흑인이라는 엄청난 약점을 딛고 대통령에 당선되었습니다.
인권 변호사 출신으로 일리노이 주 상원 의원이었던 오바마는
2007년에 대통령 출마를 선언했어요. 그때까지만 해도
많은 미국 시민은 흑인이 대통령이 될 것이라고는 생각하지
않았습니다. 인종 차별이 법으로 금지된 지 오래였지만,

그래도 흑인이 나라를 이끄는 대통령이 된다는 것에 많은 사람이 거부감을 가지고 있었기 때문입니다. 하지만 오바마는 사람들에게 더 나은 미래를 위한 변화와 희망을 내세우며, 변화하는 미국을 위해 자신을 뽑아 줄 것을 시민들에게 호소했지요. 그는 훌륭한 연설 실력으로 사람들의 마음을 조금씩 움직였고, 2008년에 미국 대통령에 당선됩니다.

대통령이 된 오바마는 선거 공약대로 평화적인 외교를 펼쳤습니다. 명분 없는 전쟁이라며 반대해 온 이라크 전쟁에서 미군이 철수할 것과 북한 문제에 적극적으로 개입해 한반도의 긴장을 풀기 위해 노력했어요. 그 밖에도 중동 평화 회담을 재개했고, 핵무기를 감축했으며, 국제 분쟁을 적극적으로 해결하는 등 국제적인 외교와 협력을 강조하기 시작했지요. 오바마는 세계 평화에 대한 공로를 인정받아 2009년 노벨 평화상 수상자로 선정되었고, 2012년에는 다시 한번 대통령 선거에 승리해 미국의 제45대 대통령이 되었습니다.

대통령 후보 시절, 연설 중인 버락 오바마 © Bbsrock

who? 지식사전

노벨상의 창시자, 알프레드 노벨

알프레드 노벨

노벨상의 창시자인 알프레드 노벨은 스웨덴의 발명가이자 과학자입니다. 노벨은 폭발하기 쉬운 나이트로글리세린을 개량해 보관이 쉽고 사용하기 쉬운 다이너마이트를 만들어 막대한 돈을 벌었습니다. 하지만 노벨의 의도와 달리 다이너마이트는 산업뿐 아니라 전쟁에도 사용돼 많은 인명을 희생시키고 말았습니다. 자신의 발명이 악용된 것에 책임감을 느끼던 노벨은 숨을 거두기 전, 자신이 가지고 있던 엄청난 재산을 인류의 발전과 행복을 위해 공헌한 사람을 위한 상을 주는 데 쓰도록 유언했습니다. 이것이 바로 1901년부터 수여되기 시작한 노벨상입니다. 현재 노벨상은 물리학상, 화학상, 문학상, 생리의학상, 평화상, 경제학상 이렇게 총 여섯 개의 분야로 이루어져 있습니다.

4 에스파냐에서의 좌절

헤르베르트는 오랜 항해 끝에 노르웨이 오슬로에 도착했습니다.

이곳이 노르웨이의 수도 오슬로인가?

이제 이곳에서 고국의 동료들을 대신해 열심히 활동해야지.

이곳이 당에서 구해 준 숙소구나.

오! 잘 왔네. 자네가 헤르베르트 프람인가?

네, 맞습니다.

독일에서 우리를 지명 수배할 수 있으니, 이곳에선 가명을 써야 한다는 것은 알고 있겠지?

네. 그래서 '빌리 브란트'라는 이름을 쓰려고 합니다.

이때부터 헤르베르트는 빌리 브란트라는 이름을 가명으로 사용했고, 이후 본명보다 이 이름으로 더 많이 불리게 되었습니다.

좋은 이름이군. 앞으로 잘해 보세.

네!

이곳에서 당의 활동을 이끌며 진정한 사회주의 운동가로 성장하겠어!

빌리는 유럽의 상황을 파악해 독일에 있는 동료들에게 알려 주거나, 노르웨이 노동당 사람들과 생각을 주고받으며 기사를 쓰기도 하는 등 사회주의자로서 활발한 활동을 이어 나갔습니다.

자, 오늘의 토론은 이것으로 마치겠습니다.

이봐, 빌리. 잠시 나와 이야기를 나눌 수 있겠나?

무슨 일이십니까?

자네에게 중요한 제안을 하려고 그러네.

오슬로 대학교에 진학한 빌리는 역사와 철학 강의를 들으며 지식을 쌓았습니다.

역사를 공부하면 할수록 앞으로 유럽이 어떤 상황에 부닥칠지 알 것 같아.

유럽 곳곳에서 혼란이 계속되고 있어. 이러다간 분명 더 큰 재앙이 올 거야.

유럽에 닥칠 위기에 대해 기사를 쓰겠어.

노르웨이 〈노동자 신문〉의 편집실

응?

이 글은 누가 썼지?

독일에서 망명해 온 젊은 청년이에요. 이제 고작 스무 살 남짓 되었던데요?

훌륭한 기사야. 이런 기사를 한 편으로 끝내기는 아까운걸.

빌리 브란트 군. 저희 〈노동자 신문〉에서는 귀하에게 외교 정책과 노동자 문제에 관한 고정 기사를 의뢰합니다.

독일에서의 경험과 대학교에서 쌓은 지식을 바탕으로 빌리는 노르웨이 〈노동자 신문〉에 고정적으로 기사를 쓰게 되었고, 이후 다양한 신문에 글을 싣게 되었습니다.

현재 유럽 곳곳에서 외교적인 마찰이 발생하고 있어. 아프리카와 아시아를 침략하는 일도 늘어나고 있지.

전쟁의 피해를 거의 입지 않은 노르웨이에서도 혼란이 심해지고 있어요.

유럽의 평화를 위해서 전 유럽이 하나의 정부로 통합되면 어떨까요? 그럼 국경 분쟁이나 인종 갈등도 사라지지 않을까요?

그런 꿈만 같은 일이 이뤄진다면야 정말 좋겠지.

유럽이 평화로워질 수 있는 방법은 뭘까?

강대국의 전쟁 목표와 새로운 유럽

게릴라 전

승리 이후

조직화된 광기

이 무렵 빌리는 유럽의 상황과 외교 정책, 노동 운동에 대해 많은 글을 썼고, 그가 쓴 원고는 훗날 여러 권의 책으로 출판되었습니다.

평화로운 유럽에 대한 빌리의 바람에도 불구하고, 독일에서 히틀러와 나치당의 인기는 식을 줄을 몰랐습니다.
그것은 히틀러가 이끄는 나치 정부가 1936년에 열린 제11회 베를린 올림픽을 성공적으로 개최했기 때문이었습니다.

우리는 성공적으로 올림픽을 개최함과 동시에 종합 1위라는 업적을 달성했습니다!
이것은 우리 민족의 우수성을 보여 주는 위대한 사건입니다!

독일의 영광 있으라!

히틀러의 집권 3년 동안
지지율은 더 높아졌어.

하지만 무리한 정책은
독일 경제에 엄청난
부담을 주고 있지. 히틀러가
앞으로 지지율을 올릴 방법은
한 가지뿐이야.

그건, 바로
전쟁이지!

이렇게 위험한 상황에서
내가 할 수 있는 게
아무것도 없다니…….

빌리 브란트!
급한 임무가 생겼어!

네?

이곳 일은 잠시 미뤄 두고
에스파냐로 가 줘야겠어.

무슨 일인가요?

에스파냐에 사회주의 정부가 들어서자
군인들이 반란을 일으켰어. 자네가 직접
에스파냐에 가서 취재를 해야겠어.

뭐라고요?

1936년 에스파냐

여러분! 사회주의자들의 정부는 나라를 혼란에 빠트릴 것입니다. 저희가 나서야 합니다!

옳소!

우아아!

에스파냐에 사회주의를 바탕으로 한 정부가 들어서자 이에 반발해 프랑코 장군을 중심으로 한 군인들이 반란을 일으켰습니다. 이로써 에스파냐 내전이 시작되었습니다.

반란군에 맞서라! 물러서지 마라!

사회주의 정부는 정당한 선거의 결과다. 시민들은 정부를 지지한다!

사회주의자 녀석들을 모두 쓸어버리자!

정부군은 군인들이 중심이 된 반란군에 비해 세력이 약했습니다. 하지만 정부군을 지지하는 시민들이 스스로 군대를 조직해 전쟁에 참여하며 에스파냐 전역에서 두 세력은 팽팽히 맞섰습니다.

소련

독일

이탈리아

얼마 뒤, 그 전쟁에 외국 세력들이 끼어들기 시작했습니다.
전 유럽에서 모인 사회주의자들은 정부군을 도왔고,
독일과 이탈리아는 반란군을 도왔습니다.

지금 에스파냐는 전쟁으로 인해
엄청나게 혼란스러운 상황이네.
외국의 군대까지 합류해서
우리 군과 적군을 구분하기
힘들 정도라고 하더군.

어떤 상황에서도 자네의
목숨이 가장 중요하다는
걸 절대 잊지 말게.

걱정 마세요. 무사히
잘 다녀오겠습니다.

1937년 2월, 빌리는 당과 노르웨이의 여러 신문을 대표해
기자 자격으로 에스파냐를 향해 떠났습니다.

에스파냐 바르셀로나

전쟁 때문에 도시가 무척 황폐해졌군.

이곳은 바르셀로나, 한때 아름답게 빛나던 한 도시가 전쟁의 흔적으로 어둡게 뒤덮였다…….

혹시, 외국에서 온 기자?

놀라지 마. 그저 기사를 쓰고 있는 것을 보고 말을 걸었을 뿐이야.

빌리는 에스파냐 내전을 취재하던 중 소련에서 망명 온 사회주의자 마르크 라인을 만나게 되었습니다.

얼마 뒤, 에스파냐의 거리

거기 서라!

저쪽이다!

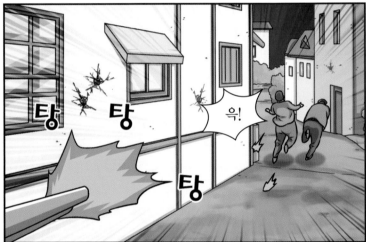

탕 탕

탕

윽!

안 돼!

빌리! 여기서 뭐 하고
있는 거야!

마르크?

당장 따라오게!
이대로 있다간
자네도 죽어!

피난 막사

내 옆에서 사람이 죽었어. 이것이 전쟁이란 말인가.

덜덜덜

이것 좀 마시도록 해.

좀 진정이 되나?

조금은.

나도 처음엔 그랬어. 하지만 에스파냐에 있는 모든 사람을 위해 싸운다고 생각하니 두려움이 사라지더라고.

아직 많은 혼란이 있지만, 이 전쟁을 통해 에스파냐에 진정한 사회주의 국가가 들어설 수 있을 걸세.

자넨 정말 대단한 사람이야

1937년 4월 2일

마르크는 어디 있나요?

소련 출신의 마르크 라인?

어젯밤에 소련에서 온 관리들이 찾아와 끌고 갔다네.

뭐라고요?

요즘 분위기가 무척 뒤숭숭해. 소련이 에스파냐의 정치에 개입하기 위해 자신들의 의견에 반대하는 사회주의자들을 잡아 죽이고 있다는 소문이 돌거든.

당시 소련은 에스파냐를 정치적으로 지배하기 위해 이념이 비슷한 에스파냐 정부군을 도와주는 척하며, 자신들의 의견에 반대하는 사람들을 무자비하게 죽이고 있었습니다.

마르크! 마르크!

마르크 라인의 실종은 혁명을 통한 사회주의 사회를 꿈꾸던 빌리에게 커다란 충격을 안겨 주었습니다.

급진파 사회주의자들은 혁명을 통해 사회주의 국가를 이룩한 소련을 동경하고 있어. 하지만 그것은 누가 희생되든 결과만 좋으면 다 좋다는 식이 아닐까?

혁명에 성공한 사회주의 국가인 소련은 독재 국가와 다를 바가 없어. 난 이제 급진적 사회주의가 옳다고 생각하지 않아.

마르크, 네가 내 기억에 남아 있는 동안 나는 소련의 비열함을 절대 잊지 않겠어.

1937년 6월, 빌리는 낙담한 채 에스파냐를 떠났습니다. 투쟁과 혁명이라는 급진적인 방법을 써서라도 사회주의 국가를 건설해야겠다고 생각한 빌리였지만, 에스파냐 내전에서 벌어진 사회주의자들 간의 싸움을 겪으면서 그동안 품고 있던 신념이 흔들렸던 것입니다.

빌리 브란트가 활동한 나라

케네디 미국 대통령을 만난 빌리 브란트

1933년에 나치당의 탄압으로 독일에서 망명한 빌리 브란트는 이후 여러 나라를 돌아다니며 외국의 사회주의자들과 손을 잡고 반나치 운동을 활발히 펼쳤습니다. 그는 제2차 세계 대전이 끝나고 나치당이 완전히 해체된 뒤에야 고국으로 돌아갈 수 있었어요. 그래서 2~30대 청년 시절의 대부분을 외국에서 보냈지요. 빌리가 어떤 나라들을 돌아다녔는지, 그리고 그 나라에서 어떤 활동을 펼쳤는지 알아볼까요?

하나 노르웨이

노르웨이는 망명을 떠난 빌리가 제일 먼저 정착한 나라입니다. 노르웨이는 바이킹으로 잘 알려진 노르만인이 건국한 나라로, 11세기 무렵에는 노르웨이 왕이 덴마크 왕을 겸할 정도로 크게 세력을 떨쳤지요. 그런데 14세기부터는 상황이 바뀌어 1814년까지는 덴마크, 1905년까지는 스웨덴의 지배를 받는 약소국이 되고 말았습니다. 그러다 1905년 무렵에 독립하면서 현재의 노르웨이 왕국이 설립되었지요. 하지만 제2차 세계 대전이 시작되자마자 독일군에게 점령당하고 말았습니다.

노르웨이의 아름다운 풍경 © Sveter

이 무렵 빌리는 노르웨이에서 대학교에 진학해 역사와 철학에 대해 강의를 듣는 한편, 독일의 사회주의 운동을 노르웨이에 알리고자 다양한 책을 번역했습니다. 그리고 노르웨이 사회주의자들과 만나 의견을 나누고, 독일에서의 경험과 대학교에서 공부한 내용을 바탕으로 당시의 사회 현상에 대한 자신의 생각을 신문에 기고하기도 했지요.

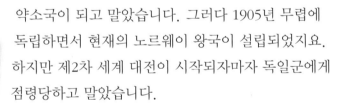

둘   스웨덴

스웨덴은 노르웨이와 국경을 접하고 있는 나라로 16세기 무렵까지는 이웃 나라인 덴마크의 지배를 받았어요. 그러다 1523년, 구스타브 1세의 지휘 아래 독립에 성공합니다. 이후, 스웨덴은 잇달아 현명한 왕들이 등장해 눈부시게 발전했고 그에 따라 나라의 문화와 예술도 크게 성장했습니다. 1809년에는 헌법을 제정하기도 했지요. 하지만 18세기에 이르러 러시아와 프로이센과의 전쟁에서 연달아 패배하면서 국력이 크게 약해졌고, 1905년에는 백여 년 가까이 지배했던 노르웨이가 독립하고 말았답니다.

스웨덴 건국을 이끈 구스타브 1세

이 시기 스웨덴은 유럽 대륙에서 발생하는 그 어떤 전쟁에도 관여하지 않는다는 이른바 '비동맹 중립 정책'을 채택합니다. 그리고 이 정책에 따라 제1차 세계 대전 당시, 주변 국가들과의 긴밀한 협조를 통해 전쟁에서 누구의 편에도 서지 않고 중립을 유지하는 데 성공하지요. 이후, 스웨덴은 제2차 세계 대전이 일어났을 때에도 이 정책을 통해 중립을 유지하며, 약 200년 동안 그 어떤 전쟁에도 가담하지 않았습니다.

스웨덴의 이러한 중립 정책은 제1, 2차 세계 대전 기간 동안 스웨덴을 유럽에서 가장 안전한 국가로 만들어 주었습니다. 그래서 빌리는 노르웨이에서 독일군에 붙잡혀 겨우 목숨을 건진 뒤, 바로 스웨덴으로 망명했지요. 그리고 그곳에서 제2차 세계 대전이 끝날 때까지 신문 기자로 활동하며 반나치 운동을 적극적으로 펼쳤습니다.

스톡홀름에 있는 스웨덴 의회 건물 ⓒ Holger.Ellgaard

한편, 빌리는 이곳에서 중요한 인연을 맺기도 합니다. 스웨덴의 수도 스톡홀름의 노르웨이 대사관에서 일하던 루트 한젠을 만나 제2차 세계 대전이 끝난 뒤 가정을 이루게 된 것이지요.

에스파냐는 14세기 카스티야 왕국과 아라곤 왕국이
통일되면서 탄생했습니다. 그 후 콜럼버스의 아메리카
대륙 발견과 그에 따른 식민지 건설로 막대한 부를 지니게
되었습니다. 에스파냐는 이 부유함을 바탕으로 16세기까지
황금기를 구사하며 유럽의 최강국으로 떠올랐지요.
그러나 16세기경, 에스파냐의 무적함대가 영국에게 크게
패배하면서 점차 쇠퇴의 길을 걷게 되었습니다.
1929년, 세계 대공황의 여파로 에스파냐의 경제가
악화되면서 오랫동안 유지되었던 왕정이 무너졌습니다.
이후, 사회주의자들이 정당한 선거를 통해 정권을
잡았지요. 하지만 에스파냐 군대를 지배하고 있던
군부는 사회주의자들이 구성한 정부에 반대해 반란을
일으켰고, 이 일로 에스파냐는 내전 상태에 빠지고
말았습니다.

에스파냐 내전 당시 군인들의 모습
© Luis Barrero Caballero

에스파냐 내전

에스파냐 내전은 외부의 적과 싸운 것이 아니라
내부의 적과 싸운 것이기 때문에, 누가 적인지 알 수
없을 정도로 복잡하게 전개되었습니다. 어제는 같은
편이었지만, 내일은 다른 편이 될 수 있었고 사람들은
함께 싸운 동료가 적군의 첩자가 아닌지 계속 의심할
수밖에 없었습니다. 이 와중에 프랑스, 독일, 미국, 영국,
캐나다, 헝가리, 소련 등의 나라에서 자국에 이익이 되는
세력을 위해 각각 적게는 몇천 명, 많게는 몇만 명에
이르는 군대를 파견하면서 에스파냐 내전은 흡사 작은
규모의 세계 대전과 같은 상황이 되었습니다.
이 시기 빌리는 에스파냐의 사회주의자들을 지지하는 한 명의
사회주의자이자, 사람들에게 진실을 전할 의무가 있는 신문
기자로서 에스파냐 내전에 직접 참가하게 되었습니다. 그리고

에스파냐 내전 도중 폭격을 당한 도시 게르니카 ©
Bundesarchiv

이곳에서 전쟁의 참혹함과 사회주의자들 간의 심각한 내분을
목격하고 큰 충격을 받았지요. 그동안 혁명을 통한 과격한
사회주의 운동을 주장하던 빌리는 에스파냐 내전을 겪으며
화합과 평화를 지지하는 온건파로 돌아섰습니다.
빌리가 노르웨이로 돌아간 뒤에도 내전은 계속 이어졌습니다.
그리고 시간이 지남에 따라 점점 전쟁의 결과가 드러났지요.
사회주의자들이 중심이 된 정부군은 군대가 중심이 된
반란군에 비해 군사적으로 힘이 약했습니다. 또, 여러
세력이 힘을 합쳤기 때문에 하나로 뜻을 모으기도
힘들었지요. 그 결과 1939년 4월 1일, 반란군이 사회주의
정부를 이기고 내전을 승리로 이끌었습니다. 정권을 잡은
반란군의 지도자 프랑코는 강력한 독재 정치를 펼치며
자신에게 반대하는 사람을 모두 사형에 처했지요. 이런
프랑코의 독재 체제는 1975년 프랑코 장군이 죽을 때까지
이어졌습니다. 프랑코가 죽고 난 뒤, 후안 카를로스 1세가 새
헌법을 정하며 왕위에 올랐고 이때부터 에스파냐에 진정한
민주주의가 시작되었습니다.

독재 정치를 실시했던 프란시스코 프랑코

who? 지식사전

에스파냐 내전을 다룬 소설 《카탈로니아 찬가》

영국인 소설가 조지 오웰은 인도에서 태어나 자라며 조국인 영국에 지배당하는 인도의
가혹한 현실을 목격했습니다. 그는 한 나라가 다른 나라를 핍박하는 현실에 큰 문제가
있다고 생각하여 사회의 부조리를 고발하는 작가가 되기로 결심했지요.
조지 오웰은 에스파냐 내전 소식을 듣고, 전쟁에 참가하기도 했어요. 그는 이 전쟁에서
서로의 생각이 다르다는 이유만으로 사람들이 얼마나 잔인해질 수 있는지와 전쟁이
얼마나 쓸모없는 일인지를 절실하게 느꼈습니다. 그는 전쟁에서 극적으로 살아남은 뒤,
에스파냐 내전의 현실을 생생하게 드러낸 《카탈로니아 찬가》를 썼습니다. 이 작품은
실제 사건을 깊게 탐구해 쓴 '르포 문학'에 속하는 것으로, 세계 3대 르포 문학으로
손꼽힐 만큼 위대한 작품으로 평가받고 있답니다.

영국의 소설가 조지 오웰

전쟁의 한가운데

에스파냐를 떠난 빌리는 프랑스 파리에서 열린 당 회의에서 에스파냐 내전에 대해 보고했습니다.

저는 에스파냐에서 소련의 더러운 진실을 목격했습니다.

소련은 사회주의와 비슷한 공산주의 이념을 채택해 우리와 한 형제라고 주장하지만, 사실 자신과 같은 편이 아닌 모든 세력을 제거하려고 합니다.

소련의 공산주의자들이 같은 이념을 가진 사회주의자들을 죽였다는 게 사실이야?

그래. 그들과 의견이 다르면 피도 눈물도 없이 죽였어!

소련을 이끄는 스탈린은 이미 히틀러와 같은 독재자일 뿐입니다. 그들에게 맞서려면 우리가 단결해야 합니다.

그게 가능할까요?

가능하게 만들어야지요. 사회주의자들끼리 서로 싸우는 것은 당장 그만둬야 합니다.

이젠 혁명과 투쟁보다는 하나로 화합하는 게 더 중요합니다.

빌리는 에스파냐 내전을 겪은 뒤, 사회주의자로서 혁명과 투쟁보다 단결과 화합을 더 중요시하게 되었습니다.

그러던 어느 날, *청천벽력 같은 소식이 빌리에게 전해졌습니다.

빌리!

무슨 일이야?

전쟁, 전쟁이 벌어졌어!

뭐?

독일이 폴란드를 침공했다고!

유럽 땅에 다시 대전쟁이 벌어진 거야!

*청천벽력: 맑게 갠 하늘에서 치는 날벼락이라는 뜻으로, 뜻밖에 일어난 사건을 이르는 말

1939년 9월 1일, 나치 정권 아래에 있던 독일이
폴란드를 침공하면서 제2차 세계 대전이 벌어졌습니다.

콰 콰 캉

슈 우 우 우

전쟁의 영향은 빌리가 있는 노르웨이에도 미쳤습니다.
1940년 4월 9일, 약 900여 대의 독일 전투기가
덴마크와 노르웨이를 공격한 것입니다.

폭격이다!

으아악!

퍼엉

빌리, 어서 뛰어!
이대로 있다가는
잡히겠어!

알았어!

4주 뒤, 노르웨이는 독일에 점령되었습니다.

더는 무리야.
도저히 못 걷겠어.

군인들이 곳곳에 깔려서
도망갈 수도 없어.

네가 걱정이야. 넌 독일군에 잡히면 그대로 사형당할지도 몰라.

나도 알고 있어. 독일에 비판적인 기사를 쓰는 빌리 브란트가 헤르베르트 프람이라는 사실을 정부가 알아챘다는 것을.

헤르베르트 프람

독 일

독일군에게 잡혀 이 여권을 들키면, 위험해질 거야.

빌리, 차라리 노르웨이 군인인 척 꾸미는 게 어때?

뭐?

노르웨이 군복을 입고 있으면, 독일군에게 잡혀도 살아남을 수 있을 거야.

그래, 지금은 살아남는 게 중요해. 여권을 버리고 노르웨이 군인이 되겠어.

찌익

얼마 뒤, 노르웨이 군인으로 위장한 빌리는 독일군에게 붙잡혔습니다.

이름!

고갱 주니어!

저쪽 막사로 가!

휴우…….

이대로 조금만 버티면 될 거야.

한 달 뒤

너희는 죽어도 할 말 없는
전쟁 포로일 뿐이다.

하지만 자비로운
히틀러 수상께서 너희를
풀어 주기로 하셨다.

그것은 너희가 우리 독일인과 같은
게르만족이기 때문이다.
우월한 게르만족인 것을 다행으로 여기도록!

휴……,
살았군.

게르만족 이외의 포로들은
다른 곳으로 이동한다!

난 살아서 다행이지만,
저 사람들은 어떻게 되는 거지?

히틀러는 사람을 인종에 따라 차별하는 심한 인종 차별주의자였습니다. 그의 이런 생각은 제2차 세계 대전 중 끔찍한 상황을 일으켰습니다.

게르만족 이외의 민족은 모두 열등합니다! 열등한 민족은 모두 없애 버려야 사회가 깨끗해집니다.

옳소!

우와아!

살려 주세요!

제발 끌고 가지 말아 주세요!

잔말 말고 따라와! 더러운 유대인 녀석들!

특히, 유대인을 심하게 증오했던 히틀러는 점령한 지역의 유대인을 빠짐없이 잡아들였습니다. 그리고 집시와 사회주의자, 장애인들과 함께 모두 수용소로 보냈습니다.

이런, 또 쓰러졌잖아.
쓸모없는 것들.

아, 안 돼!

끌려간 사람들은 가혹한 강제 노동에 시달렸고,
몸이 약해져 노동을 할 수 없게 되면 인체 실험을 당하거나
독가스실로 보내져 죽임을 당했습니다.

빨리빨리
파묻어!

나치 통치 아래의 독일 제국은 제2차 세계 대전 동안, 유럽 전역에서
수백만 명의 사람을 수용소에 끌고 가 죽였습니다. 하지만 이 시기,
대부분의 유럽 사람들은 이렇게까지 많은 사람이 수용소에서 죽어 가고
있다는 사실을 알지 못했습니다.

독일군에게서 도망친 빌리는 노르웨이 정부로부터 국적 증명서를 받고, 정식으로 노르웨이인이 되었습니다.

드디어 노르웨이 국적을 얻었군.

그래. 이제 나치에 대항하기 위해 본격적으로 움직일 수 있어.

그런데 자네는 독일인이면서도 이렇게 적극적으로 조국에 맞서는 이유가 뭔가?

난 내 조국인 독일에 대항하는 게 아니라 나치에 대항하는 거야. 나치는 전쟁을 일으켜 수많은 사람의 목숨을 빼앗는 잘못을 저지르고 있어!

나치를 쓰러뜨려야 독일인들도 전쟁에서 벗어날 수 있다고.

맞아, 그건 그렇지.

난 나치에 맞서 끝까지 투쟁할 걸세.

'폴야르닉'으로부터
소식이 왔습니다.

이건
중요한 정보다.
정보 출처는?

빌리는 전쟁을 반대하는 기사를 쓰거나,
'폴야르닉'이라는 비밀 이름의 정보원으로 활동하는 등
다양한 방법으로 나치에 저항했습니다.

사회민주당과
사회주의노동자당은
히틀러라는 거대한 적에 맞서
하나가 될 것입니다!

저도 동의하는
바입니다.

빌리는 자신이 속한 사회주의노동자당을
설득해 사회민주당에 가입시키기도 했습니다.
에스파냐 내전을 통해 사회주의자들의 화합이
중요하다는 것을 깨달았기 때문이었습니다.

1944년 6월, 빌리는 위험을 무릅쓰고 나치 지배 아래에 있는 독일을 방문했습니다.

독일의 비밀 경찰이군. 저 녀석들에게 들키면 바로 죽을 수도 있어.

이곳인가?

빌리 브란트 씨! 무사히 오셨군요!

위험을 무릅쓰고 여기까지 와 주셔서 정말 감사드립니다.

당연히 해야 할 일이라고 생각합니다.

히틀러를 암살하려는 계획을 세우고 있다고 들었습니다.

사실입니다. 저희는 분명 성공할 거라 생각합니다.

빌리가 독일에 잠입한 것은 독일 내부에 있는 나치 반대파가 계획한 히틀러 암살 사건을 도와주기 위해서였습니다.

저는 무엇을 하면 될까요?

히틀러를 암살한 뒤에 세워질 새 정부에 참여해 주십시오.

그리고 외국으로 망명한 독일인들의 의견을 정부에 전달해 주세요.

좋습니다! 이제 우리 스스로의 힘으로 히틀러를 처단할 일만 남았군요. 그럼 다른 나라들도 독일이 전쟁과 독재를 옹호하는 국가가 아니라는 것을 알 겁니다.

맞습니다!

이 무렵의 빌리는 독일 망명자들을 대표하는 사람으로 손꼽힐 정도로 큰 영향력을 지니고 있었습니다.

1944년 7월 20일

대령, 현재 동부 전선에 큰 문제가 있다는 게 사실입니까?

전력상 밀리고 있는 것은 사실이지만, 곧 되찾을 것입니다.

그렇군요. 그럼 저는 잠시…….

흥!

서류 가방 안의 폭탄이 제대로만 터진다면 암살에 성공할 수 있어!

안타깝게도 히틀러를 암살하려고 한 시도는 실패로 끝나고 말았습니다.
폭탄은 제대로 터졌지만, 폭탄이 터지기 직전 히틀러의 부하가 그 가방을
우연히 치워 놨기 때문에 히틀러는 가벼운 상처만 입은 것이었습니다.

히틀러는 암살 시도와 연관된 자들을 모두 잡아들여 처형했습니다.

탕 탕 탕

히틀러의 독재에 저항하고자 한 애국자들이 이렇게 모두 죽다니.

율리우스 레버 사망!

내 어린 시절의 스승이었던 율리우스 레버 선생도 처형당했어.

빌리는 주로 외국에서 활동했고, 암살 세력과 직접적인 연관이 없어 살아남을 수 있었지만, 율리우스를 비롯해 나치 독재에 반대하던 많은 애국자가 이 사건으로 죽었습니다.

이대로 슬픔에 잠겨 있을 순 없어.

돌아가신 분들의 희생을 헛되지 않게 하려면 히틀러의 독재를 끝내기 위해 더 열심히 활동해야 해!

세계가 전쟁에서 벗어날 수 있도록 도와주십시오!

최선을 다하겠습니다!

제가 알고 있는 나치에 관한 자료입니다. 요긴하게 써 주십시오.

독일군을 몰아내자!

진격하라!

빌리는 슬픔을 딛고 일어서서 전쟁을 끝내기 위해 더욱 활발하게 활동했습니다. 비록 암살 계획은 실패했지만, 이 시기 연합군이 나치 독일에 대항해 유럽 곳곳에서 승리를 거두기 시작했습니다.

1945년 4월 30일

브, 브란트 선생님!

레온, 무슨 일인가요?

엄청난 소식이에요!

히틀러가 죽었답니다!

뭐라고요?

1945년 4월 30일, 소련군이 독일군을 물리치고 독일의 수도인 베를린을 점령했습니다. 은신처에 숨어 있던 히틀러는 좌절감을 견디지 못하고 스스로 목숨을 끊었습니다.

독일은…… 치직……
항복을…… 선언……
연합군에 의한 통치…… 치직…….

이야아!

해냈어!

히틀러와 나치를 쓰러뜨렸어!

우리가 해냈다!

히틀러가 사망하자 독일은 1945년 5월 7일, 연합군에게 무조건 항복을 선언했습니다.

비로소 진정한 독일을 되찾았다!

돌아갈 수 있다!
이제야 당당하게
독일로 돌아가게 됐어!

1946년, 드디어 빌리는 독일에 돌아왔습니다.

이게 얼마 만에 온 고향이냐.

앗!

여기가 내 고향 뤼베크라고?
정육점은? 빵 가게는?
할아버지가 일했던 공장은?

빌리는 오랜만에 돌아온 고향이 전쟁 때문에
완전히 황폐해진 것을 보고 큰 충격을 받았습니다.

없어! 모두 사라졌어! 여기가 정말 내 고향이 맞는 것일까?

저긴 우리 집!

똑똑

헤르...... 베르트? 헤르베르트지? 그렇지!

어머니! 무사하셨군요!

어머니!

나치의 전쟁 범죄, 홀로코스트

홀로코스트가 일어난 죽음의 수용소에 이르는 철로 ⓒ Pimke

'홀로코스트'는 일반적으로 인간이나 동물을 대량 학살하는 것을 일컫는 말입니다. 그러나 제2차 세계 대전 당시 히틀러가 유대인을 전멸시키려는 목적으로 엄청난 수의 유대인을 학살한 사건이 일어나자, 그 사건만을 일컫는 말로 불리게 되었지요. 그래서 지금은 홀로코스트라는 용어를 독일의 나치당이 일으킨 대량 학살 사건을 의미하는 말로 대부분 사용하고 있습니다. 제2차 세계 대전 당시 유대인뿐 아니라 집시나 장애인, 히틀러에 반대했던 독일 정치인 등 홀로코스트로 인해 600만 명에 이르는 사람들이 희생되었습니다.

하나 ▷ 히틀러의 인종 차별 정책

유럽에서는 오래전부터 유대인들을 차별하는 태도가 존재해 왔습니다. 이것을 '반유대주의'라고 하는데, 종교적인 문제로 시작된 이런 유대인에 대한 차별은 유대인들이 교회에서 금지하는 직업인 고리대금업을 하면서 더욱 악화되었습니다. 고리대금업이란 돈을 빌려주고 높은 이자를 받는 것을 말합니다.

나치가 독일을 지배하던 시기, 유대인을 격리하기 위해 달았던 배지. 이 배지를 단 많은 유대인이 희생당했습니다.
ⓒ Threedots

유대인에 대한 차별은 독일이라고 다르지 않았어요. 1930년대가 되자, 대공황의 여파로 독일의 경제 사정이 매우 안 좋아졌습니다. 이 시기 정권을 잡은 히틀러는 경제 불황에 대한 독일 국민들의 불만을 다른 곳으로 돌려야 했지요. 그래서 세계적인 경제 위기가 유대인의 음모라고 주장하며 사람들의 불만을 유대인들에게로 집중시켰습니다. 그러자 사람들은 정부에 대한 불만을 모두 유대인에게 쏟아 내기 시작했고, 유대인을 탄압하는 히틀러에게 많은 지지를

보냈습니다. 히틀러는 이 방법이 통한다는 것을
깨닫고 나치당의 지지율을 올리기 위해, 독일 국민의
자긍심을 높인다는 명목으로 다른 인종들을 탄압하기
시작했습니다.

히틀러는 게르만 민족만이 세계 제일의 우수
민족이고, 유럽의 역사를 만든 그리스나
로마인들조차 쓸모없는 종족이라고 말했습니다.
특히 유대인은 세상에서 사라져야 할 최악의 민족이라고
주장했지요. 이런 히틀러의 주장에 대해 대다수의
독일 국민들은 적극적으로 동의했습니다. 어려운
시기를 겪으며 자신감이 많이 떨어져 있던 독일
국민들에게 히틀러의 이야기는 무척 듣기 좋은 소리였기
때문이었습니다. 이 때문에 독일 전역에서 유대인을
비롯해 열등한 인종으로 낙인찍힌 슬라브인, 집시,
장애인과 히틀러에 반대하던 사회주의자를 비롯한 여러
정치인이 수용소로 끌려갔습니다. 그리고 그곳에서 강제
노동과 인체 실험 등에 시달리며 참혹한 죽음을 맞이했지요.

수용소에 끌려가는 유대인들 ⓒ Bundesarchiv

수용소에서 생활하던 유대인들의 모습

who? 지식사전

전쟁의 실상이 기록된 《안네의 일기》

《안네의 일기》는 독일 출신의 유대인 소녀 안네 프랑크(1929~1945년)가 쓴 일기입니다.
제2차 세계 대전이 일어난 시기, 안네 프랑크는 네덜란드에서 생활하고 있었습니다.
안네의 아버지 오토는 네덜란드가 독일에 의해 점령당하자 해외로 도망치려 했지요.
하지만 유대인의 이동이 철저하게 감시당하자 은신처를 만들어 그곳에 가족들을
피신시켰습니다. 안네의 가족은 은신처에서 2년간 숨어 살았고, 안네는 그 시기 동안
자신의 일상과 성장 과정을 일기로 남겼어요.
하지만 1944년 8월 4일 밤, 가족들의 은신처는 나치에 의해 발각되었고, 수용소로 끌려간
가족은 아버지 오토만 살아남고 모두 죽었습니다. 전쟁이 끝난 뒤, 오토는 안네가 쓴
일기를 《안네의 일기》라는 이름의 책으로 펴냈습니다. 이 책은 어두운 시대를 살아갔던
소녀의 심정이 생생히 담겨 있어, 그것을 읽은 많은 사람에게 다시는 전쟁이라는 비극이
일어나면 안 된다는 것을 알려 주고 있습니다.

네덜란드에 있는 안네 프랑크의 동상
ⓒ Hide-sp

둘 아우슈비츠 수용소

수용소는 보통 죄인들을 강제로 가두기 위해 만들어져요.
하지만 히틀러 시대의 수용소는 그 목적이
달랐습니다. 나치당은 유대인을 비롯해 인종적으로
열등하다고 판단되는 사람들을 잡아 수용소에
가두었지요. 그들은 아무 죄도 짓지 않았지만,
수용소에서 강제 노동에 시달려야만 했고,
인체 실험 등에 동원되며 목숨을 위협당하기도
했습니다.

이런 수용소는 독일과 독일이 점령한 유럽 전역에
수십 개가 세워졌는데, 그중 지금의 폴란드
땅에 세워진 아우슈비츠 수용소는 가장 악독한
곳으로 이름이 높았습니다. 폴란드 정부에서는

유대인을 격리한 아우슈비츠 수용소 ⓒ Wulfstan

아우슈비츠에서만 최소 110만 명 이상이 사망했다고 기록하고
있어요.

전쟁 막바지에 패배의 위기에 처하자 나치는 아우슈비츠
수용소를 파괴하고 유대인들을 다른 곳으로 이동시켜서
자신들이 저지른 대량 학살을 숨기려고 했습니다. 하지만
수용소에서 미처 이동하지 못한 약 7,000여 명의 사람들이
소련군에 의해 풀려나면서 이곳의 실체가 세상에 알려졌지요.
이곳은 홀로코스트를 기억하고자 하는 폴란드 사람들에 의해
박물관으로 남아 있으며, 사람들에게 인간이 얼마나 끔찍한
행동을 저지를 수 있는 존재인지 알려 주고 있습니다.

유대인을 돕는 폴란드인에
대한 사형 발표문

셋 뉘른베르크 재판과 홀로코스트

전쟁이 끝난 뒤, 유럽은 전쟁 때 입은 피해를 복구하느라
다른 곳에 신경 쓸 여유가 없었습니다. 그래서 홀로코스트도
서서히 잊혀질 위기에 처했지요. 심지어 대다수의 독일인들은

홀로코스트가 일어난 사실조차 모르고 있었습니다.
그러나 전쟁을 일으킨 범죄자를 처벌하기 위해 열린
뉘른베르크 재판에서 홀로코스트에 대한 이야기가
나오자 사람들은 이 사건에 주목하기 시작했지요.
당시 노르웨이의 취재진과 함께 뉘른베르크 재판에
참석했던 빌리 브란트는 독일에서 홀로코스트가
일어났다는 이야기를 듣고 믿지 않았어요.
자신의 조국이 그렇게 끔찍한 일을 저질렀다는
것을 상상할 수 없었기 때문이었지요. 하지만 재판 중에
나온 수많은 자료와 증거를 통해 조국의 범죄
사실이 명백히 밝혀지자 큰 충격을 받았습니다.
이후, 수용소에서 살아남은 사람들의 증언과 양심
있는 몇몇 독일인에 의해 홀로코스트에 대한 책과
다큐멘터리, 영화가 만들어지면서 홀로코스트는
비로소 세상에 널리 알려지게 되었습니다.

뉘른베르크 재판 당시의 모습

미국 휴스턴에 있는 홀로코스트 박물관 ⓒ Jacob.jose

who? 지식사전

이스라엘과 팔레스타인의 갈등

유대인들은 2,000여 년 동안 나라 없이 떠돌며 갖은 고생을 했습니다. 제2차 세계
대전이 끝난 뒤, 유엔(국제 연합)은 영국이 지배하던 중동의 팔레스타인 지역에
유대인들의 국가를 만들기로 했어요. 그러자 1948년, 유대인들은 팔레스타인
지역에 이스라엘을 건국했습니다. 하지만 오래전부터 그 땅에 정착해 살고 있던
팔레스타인 사람들은 이 결정에 강하게 반대했습니다. 그리고 인근에 자리잡고
있던 다른 이슬람 국가들도 이스라엘의 건국을 받아들일 수 없다며 크게
분노했어요. 결국, 이 일은 이스라엘과 팔레스타인을 포함한 주변 이슬람 세력들
사이에 전쟁이 벌어지는 계기가 되었습니다.
2,000년 만에 나라를 세운 이스라엘의 유대인들은 이 전쟁에서 이기기 위해 총력을
기울였어요. 그리고 놀랍게도 네 차례에 걸친 전쟁에서 모두 이겼지요. 하지만
팔레스타인 사람들은 그들이 오랫동안 살아온 땅에서 물러날 수 없었어요. 아직도
두 나라의 전쟁은 계속되고 있습니다.

1948년, 이스라엘의 독립을 선언한 다비드
벤구리온 총리

6 위기의 베를린

독일 뉘른베르크, 1945년 겨울

전쟁이라는 흉악한 범죄를 일으킨 것도 모자라 홀로코스트라는 끔찍한 범죄 행위를 저지른 이들은······.

전쟁 동안 독일에서 홀로코스트라고 불릴 만한 대량 학살이 일어나다니!

내 조국이 이렇게 끔찍한 짓을 저지르다니 믿을 수 없어.

빌리는 전쟁이 끝난 뒤, 독일 뉘른베르크에서 열린 전쟁 범죄 재판 과정에서 독일이 수백만 명의 사람을 잔인하게 학살했다는 사실을 알게 되었습니다.

끔찍한 범죄를 일으킨 이 나라에 남은 것은 폐허가 된 도시뿐이군.

전쟁이 끝나면 모든 게 해결될 거라 생각했는데……

빌리 브란트 씨!

루트 한젠 씨에게서 편지가 왔습니다.

루트가 편지를요?

빌리, 당신은 지금쯤 뉘른베르크 재판을 취재하고 있겠죠. 조국의 실망스러운 모습에 상처받게 될 당신이 무척이나 걱정됩니다.

루트…….

루트는 빌리가 스웨덴에서 활동하며 만난
여성이었습니다. 그녀 역시 빌리처럼 열렬한
사회주의자이자, 누구보다 평화를 원하고 있는
사람이었기에 빌리를 잘 이해해 주었습니다.

내 허전한 마음을
이해해 주는 건
당신밖에 없군요.

이 사람이라면······.

몇 달 뒤

루트, 당신과 평생을 함께하고 싶습니다.

빌리, 저도 마찬가지예요.

루트!

안정된 가정을 이루어서 그런지, 무엇이든 할 수 있을 것만 같군.

결혼 뒤, 루트는 첫 아들 페터를 낳았습니다. 가정을 갖게 된 빌리는 이제 독일을 재건하는 일에 더욱 힘을 쓰고자 마음먹었습니다.

이 시기 전쟁에서 패배한 독일은 승전국들에 의해
두 개로 분할되었습니다. 공산 진영을 대표하는 소련은 동쪽을,
자유 진영을 대표하는 미국은 서쪽을 차지했습니다.

독일은 다시 전쟁을
일으킬지도 모르는
위험한 나라야.

그러니 우리가
관리하며 철저히
감시해야겠어.

그런데 독일의 수도였던,
베를린은 어떻게 하지?

동독 땅에 있으니,
당연히 우리가
관리해야지.

베를린은 독일의 심장과도
같은 곳이야. 그곳도 나눠야지!

뭐?

베를린

서독   동독

소련과 미국은 독일의 수도 베를린을
놓고 다투다가 결국 베를린도 두 개로
나누어 관리했습니다. 그래서 동독의
영역에 있던 베를린의 절반이 서독의
영역이 되었습니다.

당시 베를린 연합국 관리 위원회의 일원으로 서독에 있던 빌리는 이런 상황을 걱정스럽게 바라보고 있었습니다.

빌리, 이것 좀 봐요. 베를린을 두 개로 나눈다고 해요!

전쟁에 대한 책임을 져야 하는 것은 맞지만, 이렇게 나라를 둘로 나누는 것은 있을 수 없는 일이야.

거기다 난 에스파냐에서 소련식 공산주의의 잔혹함을 목격했어. 소련이 관리하는 동독은 분명 가혹한 일을 당할 거야.

이대로 있을 수 없어. 조국을 좀 더 나은 방향으로 이끌기 위해 행동에 나서야겠어.

저도 최선을 다해 도울게요.

이 무렵 빌리는 혼란한 조국을 위해 정치인의 길을 걷기로 결심했습니다.

전 만행을 저질렀던 제 조국의 잘못을 뼈아프게 깨달았습니다.

독일이 다시 평화를 지키는 나라가 될 수 있게 도와주십시오.

진심이 느껴지는군.

저 사람이 독일의 희망이 될 것 같아.

빌리 브란트의 생각은 예전부터 굉장히 평화적이었어.

그는 조국이 잘못된 길을 걸었을 때, 거기에 맞서 싸운 사람이지.

빌리는 오랫동안 독재와 소련식 공산주의에 반대했기 때문에 미국과 유럽의 외교관들 사이에서 정치인으로서 높은 평가를 받고 있었습니다.

브란트 씨, 오늘 활약이 대단하군.

맞네. 외국 관료들의 눈빛이 매우 호의적으로 변했어.

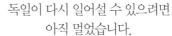

독일이 다시 일어설 수 있으려면 아직 멀었습니다.

자네 같은 젊은이야말로 우리 당의 희망일세.

이번 서베를린 의회 의원 선거에 출마하게. 우리 당에서 밀어주겠네.

감사합니다!

서베를린의 의원 빌리 브란트입니다. 잘 부탁드립니다!

1949년, 빌리는 서베를린의 시의원이 돼 본격적으로 정치 활동을 시작했습니다.

6년 뒤

의원님! 소련이 헝가리에서 일어난 민중 봉기를 잔인하게 진압했다고 합니다!

더 중요한 일은 지금 그 소식을 들은 시민들이 브란덴부르크 문 앞으로 모여들고 있다는 겁니다!

뭐라고? 안 돼!

1956년 10월 23일, 헝가리에서 소련의 무자비한 통치에 저항해 봉기가 일어났습니다. 그러자 소련은 시위에 참여한 헝가리 시민을 잔인하게 진압했습니다.

브란덴부르크 문은 서베를린과 동베를린을 경계 짓는 문으로, 당시 소련과 미국의 점령지를 나누는 국경 역할을 하고 있었습니다.

여러분 진정하세요! 이건 우리 정치인이 할 일입니다!

정치인이 한 게 뭐 있냐! 독일을 통일시켜라!

큰일이다. 시위대가 크게 흥분했어. 이때 누군가 나서서 과격하게 행동하면, 사람들이 쉽게 휩쓸릴 거야.

맙소사! 저런 행동은 불난 데 기름을 붓는 것과 같아!

께잉

여러분 전 서베를린의 의원 빌리 브란트입니다!
지금의 행동은 헝가리와 독일의 통일에
아무런 도움이 되지 않습니다!

이런 행동이야말로
소련과 공산 진영이 원하는
일입니다. 그들은 이 일을
핑계로 전쟁을 일으킬
수도 있습니다.

시위대를 진정시킨 것은 빌리가 부른 독일 국가였습니다. 국가를 부르며 흥분을 가라앉힌 시위대는 자진해서 해산하기 시작했습니다.

우리는 모두 형제 온몸으로 노력하자~

빌리는 자칫 심각한 국제 문제로 발전했을지도 모르는 브란덴부르크 문의 시위를 무사히 진정시켰습니다. 이런 그의 활약상은 독일뿐 아니라 전 세계로 퍼져 나가며 많은 사람에게 깊은 인상을 심어 주었습니다.

빌리 브란트 의원 덕분에 위험한 상황을 아주 슬기롭게 넘겼더군요.

서베를린에서 일어난 시위 이야기를 들었나요?

빌리 브란트라는 이름을 기억해 둬야겠어요.

1957년 9월 서베를린

이번 시장 선거에서
난 빌리 브란트를
뽑겠어요.

저도요. 저번 시위 때
정말 인상적이었어요.

1957년 10월 3일, 빌리는 시민들의 전폭적인
지지를 받으며 서베를린의 시장이 되었습니다.

짝짝짝

짝짝

저를 시장으로 뽑아 주셔서
정말 감사합니다! 꼭 기대에
보답하도록 하겠습니다.

4년 뒤, 소련 공산당 회의

이대로라면 동독에 일할 젊은이들이 부족하게 됩니다.

최근 많은 동독 사람이 베를린을 통해 서독으로 넘어가고 있습니다.

그렇다면, 아예 넘어가지 못하도록 장벽을 쌓는 것은 어떨까요?

흐음, 그거 괜찮군요. 감시도 쉬워질 테고.

그럼, 베를린에 장벽을 건설하도록 하지요!

소련의 가혹한 통치가 계속되자 동독 사람들은 베를린을 통해 서독으로 탈출했고, 이에 소련의 지도부는 베를린에 장벽을 세우기로 결정했습니다.

베를린 한가운데 장벽이 세워지다니!

나라가 나눠진 것도 모자라 이젠 벽까지…….

바로 옆에 살던 친구와 이웃의 얼굴조차 볼 수 없게 되었구나.

내 목숨이 다하기 전, 꼭 이 장벽을 무너뜨리고 독일의 통일을 이루고야 말겠다!

결국 베를린에는 동베를린과 서베를린을 가로지르는 40킬로미터의 두꺼운 콘크리트 장벽이 세워졌습니다. 빌리는 독일의 분단을 상징하는 이 장벽의 건설을 누구보다 가슴 아파했습니다.

두 전범 국가가 걸어가는 길

올바른 역사관을 갖는 일은 과거를 돌아보는 것뿐만 아니라 더 나은 미래로 나아가기 위해서도 중요한 일입니다. 그런 점에서 제2차 세계 대전을 일으킨 두 전범 국가, 독일과 일본이 그들의 잘못을 어떻게 책임지는지를 살펴보면 두 나라가 앞으로 어떤 방향으로 나아갈지를 알 수 있지요. 현재, 두 나라는 그들이 일으킨 전쟁의 결과에 대해서 정반대로 대응하고 있습니다.

제2차 세계 대전 당시의 모습 © Bundesarchiv

하나 독일의 반성

나치당이 집권한 시기의 독일은 전 세계에 엄청난 피해를 줬습니다. 전쟁으로 입힌 물질적인 피해도 컸지만, 무엇보다 그들이 일으킨 홀로코스트는 전쟁 이상의 충격을 피해자와 전 세계 사람들에게 안겨 주었지요.
그래서 철학자 아도르노는 "아우슈비츠 이후로 시를 쓰는 것은 야만이다."라고 말하기도 했습니다.
전쟁이 끝난 다음 독일은 학자들을 중심으로 다시는 잘못을 되풀이하지 않기 위해서 철저한 역사 교육을 해야 한다고 주장하기 시작했어요. 그래서 그들은 자신들이 일으킨 전쟁과 홀로코스트에 대한 사죄를 담아 그들의 부끄러운 역사를 학교에서부터 철저하게 가르치기 시작했습니다. 올바른 역사관을 어려서부터 갖게 하겠다는 의미였지요. 이런 태도는 실제로 독일이라는 나라에 긍정적으로 작용했습니다.
독일은 전쟁에서 패배한 뒤, 미국과 소련에 의해 서독과 동독으로 나뉘었습니다. 독일 사람들은 다시금 하나의 나라로 통일되기 위해서 많은 노력을 기울였지요. 하지만 제2차 세계 대전 시기, 독일에 의해 큰 피해를 입었던 주변국들은 그들이

독일인이 저지른 잘못을 잊지 않겠다는 의미로 세워진 홀로코스트 기념 공원의 모습. 독일의 수도 베를린의 한가운데에 있습니다. © Txalapartari

154

통일되는 것을 원하지 않았습니다. 하지만 빌리 브란트가 수상이 된 뒤, 주변 국가들에 진심 어린 사죄를 건네자 피해를 입었던 주변국들은 독일을 용서하기 시작했어요. 또한 독일이 자신들이 저지른 부끄러운 역사를 숨기지 않고 후손들에게 가르치는 모습은 주변 국가에 큰 신뢰를 줬고, 결국 독일의 통일을 앞당기는 결과를 가져왔습니다.

폴란드에서 무릎 꿇은 빌리 브란트의 모습

지금도 독일에서는 나치식 복장이나 경례, 나치당의 상징인 하켄크로이츠의 사용을 금지하고 있으며, 이것을 어길 시에는 법으로 처벌하고 있습니다. 또한, 전쟁이 끝난 지 70여 년이 지난 지금도 독일 정치인들은 이웃 나라를 방문할 때마다 지난 전쟁에 대해 진심으로 사죄하며 신뢰를 쌓아 가고 있지요. 물론, 전쟁으로 인해 피해를 본 사람들에게 보상도 해 주고 있습니다.

빌리 브란트가 받은 노벨 평화상 ⓒ Holger.Ellgaard

who? 지식사전

독일의 통일

독일은 제2차 세계 대전에서 패한 뒤, 주변국에 의해 서독과 동독으로 나눠졌지만, 서독은 우세한 경제력을 바탕으로 문화, 경제, 스포츠, 통신, 과학 기술 등 다양한 분야에서 동독과 교류하기 위해 노력했습니다. 통일을 위해서는 동독과 밀접한 관계를 맺고 있던 소련을 비롯한 동유럽 국가들과 친교를 맺어야 한다는 판단에 주변 국가와 지속적인 신뢰 관계를 쌓아 나가기 시작했지요. 서독의 이런 노력은 결실을 보아 1989년 11월엔 동서독을 가로지르던 베를린 장벽이 붕괴됐고, 1990년에는 통일을 이루는 데 성공합니다. 독일의 통일 사례는 지구상 유일한 분단국가인 우리나라에 많은 것을 알려 줍니다. 독일과 같은 평화로운 통일을 이룩하기 위해서는 다양한 분야에서의 교류를 통해 남북 간의 신뢰를 쌓고, 주변국과의 관계 개선을 통해 우리나라의 통일을 지지받기 위해 노력해야 할 것입니다.

통일 당시의 베를린 ⓒ Bundesarchiv

전쟁을 일으킨 것을 철저하게 반성하는 독일과 달리, 같은
전쟁을 일으킨 국가인 일본은 정반대의 길을 가고 있습니다.
1941년, 유럽에서 제2차 세계 대전이 벌어지던 시기에
아시아에서는 태평양 전쟁이 일어났습니다. 일본이 동아시아
국가들을 공격해 태평양의 지배 세력이 되고자 했던 것입니다.
일본은 전쟁을 일으킨 것도 모자라 전쟁 중에 중국 난징에서
대학살을 일으켜 엄청난 수의 중국인들을 죽였고, 우리나라를
비롯한 주변국들의 여성을 군대의 위안부로 끌고 가 성적으로
학대했지요. 그리고 중국 하얼빈에 731부대를 주둔시켜
생화학 무기를 개발하면서 끔찍한 인체 실험을 했습니다.
이렇듯 일본 역시 전쟁 당시 독일 못지않게 주변국에 막대한
물질적, 정신적 피해를 입혔어요. 그러나 일본은 지금도
여전히 자신들이 벌인 일을 공식적으로 인정하지 않고 있으며,
잘못에 대한 사과는 물론 피해 보상 역시 거절하고 있습니다.
     일본은 독일과 달리 학교 수업에서 자신들이 저지른
만행을 제대로 가르치지 않고 있습니다. 그래서 일본
학생들은 그들이 다른 나라를 지배한 것을 침략이 아닌,
다른 나라가 스스로 원해서 나라를 넘겨준 것이라 배우고
있습니다. 심지어 아시아 각국에 대한 서양의 침입을 막아
준 것이 일본이고, 그 결과 우리나라와 같은 식민지들은
일본의 도움을 받아 근대화를 이루었다고 가르치고 있지요.
일본 사람들은 학교에서 이렇게 배우기 때문에 자신들이
배우는 역사가 잘못되었다고 생각하지 않고 있습니다. 또한,
피해를 준 주변 국가들에게 미안한 마음을 가지거나 사과해야
한다고 생각하고 있지도 않지요.
이런 일본의 역사관은 주변국들의 분노를 불러일으키고
있습니다. 우리나라뿐 아니라 중국, 베트남, 필리핀 등은
일본의 반성 없는 태도에 강하게 항의하고 있지요. 이런

난징 대학살을 찍은 사진

일본 대사관 앞에 세워진 위안부를 상징하는
소녀상

상황인데도 불구하고 일본은 과거를 외면해서 주변국과의
외교 관계를 날로 악화시키고 있습니다.

셋 극우주의로 치닫는 일본

최근 일본은 다른 나라와의 관계는 고려하지 않고 자국의
이익만을 추구하는 극우주의로 나아가고 있습니다. 특히,
영토 확장에 대한 야심을 노골적으로 드러내고 있지요. 현재
우리나라와는 독도, 중국과는 댜오위댜오, 러시아와는 쿠릴
열도를 놓고 다투고 있습니다. 이런 다툼 속에서 일본은
극우주의 정치인들을 중심으로 끊임없이 군사력을 강화하고
있으며, 헌법 개정을 통해 군대를 보유하려 하고 있지요.
일본은 제2차 세계 대전을 일으킨 전범 국가이기 때문에
국제적인 조약에 의해 군대를 가질 수 없는데도 말입니다.
주변국과 신뢰를 쌓으면서 평화를 지키기 위해 노력하고
있는 독일과 과거의 잘못도 인정하지 않은 채 주변 영토를
차지하기 위해 군사력을 키우고 있는 일본은 완전히 다른
길을 걷고 있는 것이지요.

태평양 전쟁을 일으킨 일본의 제40대 총리.
도조 히데키

who? 지식사전

야스쿠니 신사

신사는 일본에서 황실의 조상이나 나라에 공이 큰 사람을 신으로 모셔 놓고
제사를 지내는 장소를 말합니다. 그중 야스쿠니 신사는 일본 도쿄에 있는 건물로,
주변국들을 침략하다가 죽은 군인들을 위해 제사를 지내는 곳이지요. 이곳에서
제사를 지내는 군인들은 러일 전쟁, 두 번에 걸친 세계 대전 등에 참가한 사람들로
침략 전쟁을 일으킨 핵심 인물들이 대부분입니다. 우리나라와 중국 등 주변국을
침략하라고 지시한 사람들을 모셔 놓고, 그들의 영혼을 기리는 제사를 지내고 있는
것이지요. 이런 사실 때문에 주변 국가들은 일본의 정치인들이 이 신사에 참배할
때마다 강하게 비판하고 있습니다. 하지만 현재, 일본의 정치인들은 야스쿠니
신사에 당당하게 참배하며 일본의 범죄 사실을 인정하지 않고 있습니다.

일본 도쿄에 위치한 야스쿠니 신사
© David.Monniaux

7 무릎을 꿇은 수상

독일은 통일을 위해 화해의 길을 걸어야 합니다!

빌리 브란트의 인기가 하늘을 찌르는군!

그러게 말이오.

이대로 놔둘 순 없습니다.

그렇다면?

약점을 찾아내야겠지요.

빌리 브란트는 반역자입니다. 이 사진을 보세요. 그는 전쟁 중 노르웨이 군인이 되어 조국과 맞서 싸웠습니다.

빌리가 40대 중반이라는 젊은 나이에 독일의 수도 서베를린의 시장이 되자 그의 급격한 성장을 경계한 정치인들이 약점을 잡아 공격하기 시작했습니다.

전쟁 중이었다지만, 조국의 국적을 버린 것입니다. 그는 *매국노입니다!

아닙니다! 저는 당시 조국으로부터 국적이 박탈된 상태였습니다. 목숨을 지키기 위해서는 국적이 필요했습니다.

빌리 브란트는 전쟁 중 조국의 중요한 군사 정보를 적대국에 넘기기도 했습니다!

제가 정보원으로 활동한 것은 맞습니다. 하지만 저는 조국이 아닌, 히틀러가 이끄는 나치 정권에 맞서 싸운 것입니다!

*매국노: 사사로운 이익을 위해 나라를 팔아먹는 행위를 하는 사람

그렇다면, 마지막으로 한 가지만 묻겠습니다.

도대체 당신의 아버지는 누굽니까?

뭐라고요?

아무리 기록을 뒤져도 당신의 아버지에 대한 정보를 찾을 수 없었습니다. 혹시, 당신은 유명한 정치인의 숨겨진 자식인 것 아닙니까?

그의 후원으로 이렇게 젊은 나이에 성공한 거 아니냔 말입니다!

빌리, 제발
기운 좀 내요.

언젠가 진실은
밝혀질 거예요.
너무 슬퍼하지 말아요.

어려서부터 아버지가 없었기
때문에 많은 일을 당했지만,
이번처럼 힘든 적은 처음이에요.

빌리는 그를 공격하는 어떤 주장에도 의연히 대처했지만,
자신의 출생과 관련된 이야기에는 큰 충격을 받았습니다.
그것은 어린 시절부터 아버지가 없다는 사실 때문에
많은 상처를 받았기 때문이었습니다.

누구시죠?

전 빌리 브란트 씨의
먼 친척입니다.
그의 아버지와 관련해
말씀드릴 게 있습니다.

빌리의 아버지
이야기요?

랑크, 내 아버지와
관련된 이야기라니
도대체 무슨 소리인가?

이제 자네에게
아버지에 대한
이야기를 해 줘야
할 것 같아서
찾아왔네.

자네의 아버지는 지금은 돌아가신
욘 묄러라는 분이네.
그분은 제1차 세계 대전 때,
머리에 총상을 입어서 기억력에
문제가 생겼어. 그 때문에 자네와
어머니를 잊어버렸지.

그럴 수가!

자네의 어머니는 아버지가 가족을 기억하지 못한다는 것을 아들에게 알려 주지 않으려고 하셨지. 하지만 이제 이야기를 할 때가 된 것 같네.

욘 뮐러 씨는 매우 친절하고 사려 깊은 분이었다네. 만약 자네가 아들이라는 것을 기억했다면, 매우 자랑스러워 하셨을 거야.

그랬군.

우리 이 사실을 언론에 알려요! 당신을 향한 악의적인 공격을 당장 멈추게 하자고요!

아니, 난 그러지 않을 거예요. 난 아버지의 이야기로 사람들의 동정을 얻고 싶지 않아요. 그저 내 아버지가 어떤 분이었는지 알게 된 것만으로도 만족합니다.

아버지가 어떤 분인지 알게 된 뒤, 빌리는 가슴속에 품어 왔던 상처를 극복할 수 있었습니다. 그와 함께 정치인으로서 굳건한 마음가짐을 가질 수 있게 되었습니다.

빌리는 이후, 서베를린 시장의 역할을 훌륭하게 수행했고,
90퍼센트에 가까운 지지율을 기록할 정도로 인기가 높아졌습니다.

빌리!

빌리!

빌리!

두 개로 갈라진 독일이 하나가
될 수 있도록 자네가 힘써 주게.

시장 자리를 훌륭하게 수행한 빌리는 1966년에 독일의
외교 정책을 담당하는 외무 장관으로 임명되었습니다.

알겠습니다.

독일의 통일을 위해
본격적으로 움직여야겠어.

동방 정책이요?

전 동방 정책을 통해 독일을 통일로 이끌고자 합니다. 절 도와주십시오.

동방 정책은 현재 교류가 단절되다시피 한 소련을 비롯한 동유럽과 적극적으로 교류하는 정책입니다.

현재 그 나라들과의 관계는 최악인데……

가능할까요?

전 어린 시절부터 사회주의 당원으로 활동하며 다양한 경험을 했습니다. 그 결과 대립과 충돌보다는 화해와 협력이 더 나은 사회로 나가는 길이라는 것을 알게 되었지요.

독일의 통일을 위해서는 동독을 지배하고 있는 소련을 비롯한 동유럽 국가들과 대화하면서 평화 관계를 만들어야 해요.

하지만, 서독을 관리하고 있는 미국이 그것을 용납할지 모르겠습니다.

맞습니다. 그들은 소련을 무척 싫어하지요.

무엇보다 전쟁 때문에 피해를 본 많은 동유럽 국가는 독일에 대한 감정이 무척 나빠요.

시작하기 전부터 포기하지 맙시다. 끊임없는 설득으로 유럽에는 평화가, 조국에는 통일이 이루어질 수 있도록 노력합시다.

빌리는 독일의 통일을 위해서 그동안 적대적인 관계를 형성했던 소련을 비롯한 동유럽 국가들과 화해해야 한다고 생각했습니다. 그것은 '동방 정책'이라는 이름으로 빌리가 이끄는 외교 정책의 기본이 되었습니다.

요즘 빌리 브란트의 활약이 정말 대단하군요.

동방 정책으로 주변 국가와 훨씬 좋은 관계를 맺게 되었어요.

다음 총선거 때 수상 후보로 출마할 것 같던데요?

빌리 브란트라면 충분히 자격이 있어요.

축 당선, 빌리 브란트 수상

1969년 10월 21일, 서베를린 시의원과 서베를린 시장에 이어 외무 장관직을 성공적으로 수행한 빌리 브란트는 독일 연방 공화국의 제4대 수상이 되었습니다.

이제 동방 정책을 본격적으로 추진할 때입니다. 저는 그 첫걸음으로 폴란드를 방문하겠습니다.

안 됩니다! 폴란드는 너무 위험해요.

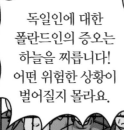

독일인에 대한 폴란드인의 증오는 하늘을 찌릅니다! 어떤 위험한 상황이 벌어질지 몰라요.

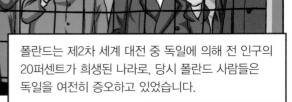

폴란드는 제2차 세계 대전 중 독일에 의해 전 인구의 20퍼센트가 희생된 나라로, 당시 폴란드 사람들은 독일을 여전히 증오하고 있었습니다.

저에게도 특별한 방법은 없습니다. 하지만 진심으로 사죄하는 마음을 가진다면, 길이 보일 거라 생각합니다.

1970년 12월 7일.
폴란드의 수도 바르샤바

독일의 수상이
폴란드에 왔어.

감히 여기가
어디라고.

폴란드 사람들의
시선이 곱지
않군요.

당연하지요. 그들은 우릴
미워할 자격이 있습니다.

어떻게 하면
그들에게 조금이나마
용서받을 수
있을까…….

다음 행선지는 제2차 세계 대전에서
희생된 유대인들을 기리는
추모비로 가도록 하지요.

네?

우리가 그곳을 방문한다고
해도 폴란드 사람들은
우릴 믿지 않을 겁니다.

저들의 분노는
너무나 당연한 것,
이것이 우리 조국이
안고 가야 할 죄.

이들 앞에서
난 용서를 구해야만 한다.
하지만 무슨 말을 해야
할지 도저히 모르겠군.

털썩

그의 모습은 곧 전 세계로 퍼져 나가 수많은 사람에게 충격과 감동을 주었습니다. 외국에서는 그 장면을 보고 '무릎을 꿇은 것은 한 사람이지만, 일어선 것은 독일 전체였다.'고 표현하기도 했습니다.

진심으로 사죄하는 것이 분명해!

저건 꾸며 낸 행동이 아니야!

빌리의 이 행동은 독일에서 많은 논란거리가 돼 찬사와 비난을 동시에 받았습니다.

가식적인 행동이었다! 독일의 국격을 떨어뜨렸다!

천만에! 매우 인간적인 행동이었으며, 독일의 국격을 높였다!

하지만 결과적으로 이 행동으로 폴란드에서는 독일에 대한 증오심이 사라지는 계기가 되었습니다.

죄송하다는 말밖에 드릴 말씀이 없습니다.

아닙니다. 오히려 감사하다는 말씀을 드리고 싶네요. 우리 국민들의 가슴속에 있는 증오심을 씻어 내 주셨습니다.

이후, 빌리의 동방 정책은 큰 성과를 거두어 유럽에 평화를 정착시킬 수 있었고 빌리는 그 공로를 인정받아 1971년에 노벨 평화상을 수상했습니다.

사람들은 종종 저에게
그때 왜 무릎을 꿇었냐고 묻습니다.
저는 그럴 때면 항상 이렇게 대답하지요.
역사의 무게 아래서, 그 무게를
어떤 말로도 표현할 수 없을 때
할 수 있는 행동을 했을 뿐이라고.

몇 년 뒤, 수상 자리에서 물러난 빌리는
가난한 개발 도상국을 지원하는 등
다양한 국제 활동을 펼치기 시작했습니다.

1979년에는 유럽 의회 의원으로 선출돼
유럽 통합을 위해 힘쓰기도 했습니다.

경제, 민족, 국경 문제로
다투지 마십시오. 우리가 하나의
유럽 안에서 생활한다는 것을
떠올리고 모두가 행복한 길이
무엇인지를 찾아봅시다.

1989년, 서독과 동독의
화해 분위기가 감도는 가운데
베를린 장벽이 무너졌습니다.
그리고 다음 해 독일은
하나의 나라로 통일되었습니다.
빌리가 오랫동안 꿈꿔 왔던 일이
이루어진 것입니다.

히틀러의 독재와 제2차 세계 대전, 조국의 패배와 분단 등
엄청난 역사의 소용돌이 속에서 대립과 갈등보다는 화해와
평화를 외친 빌리 브란트. 그는 진심 어린 사과의 힘이 얼마나
큰지를 보여 준 사람이었습니다. 조국을 위해, 유럽의 평화를
위해 평생을 노력한 빌리 브란트는 평화와 양심의 상징으로
전 세계의 사람들에게 큰 감동을 주고 있습니다.

who?와 함께라면 미래가 보인다

어린이
진로 탐색

대통령

어린이 친구들 안녕?
빌리 브란트 이야기 재미있게 읽었나요?

그렇다면 이제부터
빌리 브란트가 꿈을 키워 가는 과정을 함께 되짚어 보며
그가 활동한 분야와 그 분야에 속한 다양한 직업에 대해
살펴봐요!

또한 여러분에게는 어떤 장점과 적성, 가능성이
숨어 있는지 찾아보면서
그것을 어떻게 진로와 연결시킬 수 있는지에 대해서도
알아봅시다!

그럼 지금부터
여러분이 멋진 꿈을 향해 나아갈 수 있도록 도와줄
진로 탐색을 시작해 볼까요?

자기 이해부터
진로 체험까지,
다양한 진로 탐색
활동을 시작해 봐요!

내가 칭찬받았던 일은?

고등학생 시절 빌리 브란트는 정치적인 문제에 관심을 가지고 신문에 기사를 써서 보냈습니다. 신문을 읽다가 빌리 브란트의 글을 알아본 그의 외할아버지는 논리적인 글이라며 칭찬해 주었어요.

또한 신문사 편집장도 빌리 브란트의 글이 나이답지 않게 깊이가 있다고 칭찬했습니다. 빌리 브란트는 칭찬에 용기를 얻어서 신문 기자로서 사회에 첫발을 내디뎠습니다. 여러분도 빌리 브란트처럼 무언가를 잘했다고 칭찬받은 적이 있나요? 어떤 일로 칭찬받았는지, 그리고 칭찬받았을 때 어떤 생각이나 느낌이 들었는지도 함께 적어 보세요.

내가 칭찬받은 일 :

칭찬을 듣고 생각한 점이나 느낀 점 :

나의 가족이 서로에게 준 도움은?

빌리 브란트의 성공 열쇠 중 하나는 가족의 도움이었습니다. 당시 노동자 가정의 아이들은 대부분 학교에 가지 않고 일찍부터 일을 했습니다. 그러나 빌리 브란트의 어머니와 외할아버지는 공부를 더 하고 싶어 하는 빌리 브란트의 마음을 알고, 어려운 환경에도 불구하고 아낌없이 지원을 해 주었습니다.

가족은 서로 도우며 살아가기 마련입니다. 여러분은 가족으로부터 어떤 도움을 받았고, 가족에게 어떤 도움을 주었는지 떠올려 보세요.

내가 가족에게 받은 도움	내가 가족에게 준 도움

수상과 대통령의 다른 점은?

빌리 브란트는 서베를린 시의원에서 시작하여 독일 연방 공화국의 수상이
되었습니다. 수상은 의원 내각제인 나라에서 정부를 대표하는 사람으로, 총리라고도
부릅니다. 대통령제인 우리나라에서 정부를 대표하는 사람은 대통령이지요.
수상이 있는 의원 내각제와 대통령이 있는 대통령제는 어떤 점이 다른지 비교해
볼까요? 의원 내각제와 대통령제에 알맞은 설명을 골라 번호를 적어 보세요.

의원 내각제	대통령제
( )	( )

1. 정부의 대표를 국민들이 투표해서 정한다.

2. 정부의 대표를 국회 의원을 가장 많이 가진 정당의 대표로 정한다.

3. 대표적인 국가로 영국이 있다.

4. 대표적인 국가로 미국이 있다.

5. 행정부와 입법부가 완전히 분리되어 있다.

6. 행정부와 입법부가 밀접히 연결되어 있다.

정답: 의원 내각제 - 2, 3, 6 / 대통령제 - 1, 4, 5

진로
탐색
STEP 4

노벨상을 받은 세계 지도자는?

빌리 브란트는 소련을 비롯한 동유럽 국가들과 화해하는 동방 정책으로 유럽에
평화를 정착시킨 업적을 인정받아 노벨 평화상을 받았어요. 그럼 노벨상을 받은
다른 지도자에 대해서도 알아볼까요? 여러분이 읽은 〈who?〉 시리즈의 다른 인물들
중에서 노벨 평화상을 받은 지도자를 찾아보세요. 그리고 그 지도자들은 어떤 업적을
인정받아 어떤 부문의 상을 받았는지 적어 보세요.

윈스턴 처칠	버락 오바마	넬슨 만델라
영국 총리	미국 대통령	인권운동가
수상 연도:	수상 연도:	수상 연도:
업적:	업적:	업적:

최고 지도자 ○○○의 외국 방문은?

빌리 브란트는 정부의 최고 지도자로서 독일을 대표해 폴란드에 갔습니다. 그리고 전쟁 당시 독일에 의해 희생된 유대인들을 기리는 추모비 앞에서 무릎을 꿇고 독일의 잘못을 사죄했습니다.

여러분이 만약 미래에 정부의 최고 지도자가 된다면 우리나라를 대표해 다른 나라를 방문하게 될 거예요. 여러분이 방문하고 싶은 나라를 세계 지도에서 표시해 보고 그 나라를 방문하고 싶은 이유를 적어 보세요.

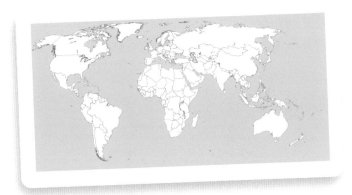

✳ 내가 가고 싶은 나라:

✳ 내가 그 나라에서 방문하고 싶은 장소:

✳ 방문하고 싶은 이유:

대통령 기록관 견학하기

영국에 수상이 있다면, 우리나라에는
대통령이 있습니다. 대통령으로
일하다 보면 문서, 사진, 영상 등
다양한 자료를 다루게 됩니다.
이렇게 대통령들이 남긴 자료를
대통령 기록물이라고 합니다.
'대통령 기록관'은 우리나라의 대통령
기록물을 보관하고 전시하는 곳으로,
세종특별자치시 다솜로에 위치하고
있습니다.

대통령 기록관의 전경

대통령 기록관에는 역대 대통령 취임사의 주요 내용들과 대통령이 타는 의전 차량을
볼 수 있는 '대통령의 상징' 전시실, 우리나라 대통령 제도 변천사와 다양한 대통령
기록물을 볼 수 있는 '대통령의 역할' 전시실, 역대 대통령의 초상화와 대통령이
일하던 곳인 청와대의 역사를 볼 수 있는 '대통령의 공간' 전시실 등이 있습니다.
대통령 기록관을 관람하며 정치 지도자의 중요성에 대해 생각해 보세요.

대통령의 역할 전시실

빌리 브란트

1913년		12월 18일, 독일 뤼베크에서 태어납니다.
1928년	15세	고등학교에 들어가 사회주의 청년 활동을 시작합니다.
1930년	17세	독일 사회민주당에 고등학생 신분으로 가입합니다.
1931년	18세	사회민주당의 정책에 실망한 뒤, 정당에서 탈퇴해 급진적인 정당인 사회주의노동자당에 가입합니다.
1933년	20세	나치당의 탄압을 피해 노르웨이로 망명합니다. 그곳에서 사회주의노동자당의 지부를 운영합니다.
1937년	24세	에스파냐 내전에 종군 기자로 참여합니다. 이 전쟁을 통해 사회주의자들 간의 분열이 얼마나 심각한 결과를 초래하는지 느낍니다.
1938년	25세	9월 5일, 나치당에 의해 독일 국적이 박탈됩니다.
1939년	26세	제2차 세계 대전이 발발합니다. 1년 뒤, 독일이 노르웨이를 침공해 노르웨이 국적을 얻었습니다.
1945년	32세	러시아 군대가 베를린에 입성하며 아돌프 히틀러가 자살합니다. 이로써 제2차 세계 대전이 막을 내립니다.

1949년	36세	개명 신청을 해서 그동안 가명으로 사용하던 빌리 브란트를 공식적인 이름으로 사용합니다. 독일이 동독과 서독으로 분리되고, 서베를린의 시의원으로 정치인으로서의 첫발을 내디뎠습니다.
1957년	44세	서베를린의 시장으로 선출됩니다.
1961년	48세	베를린에 동서를 가르는 베를린 장벽이 세워집니다. 미국 대통령 케네디와 함께 베를린 장벽 설치를 비판합니다.
1969년	56세	서독의 제4대 수상이 됩니다. 이 시기 동방 정책을 펼쳐 동유럽 국가와 우호적인 관계를 맺습니다.
1970년	57세	12월 7일, 폴란드를 방문에 홀로코스트 희생자 추모비 앞에서 무릎을 꿇습니다. 이 일로 전 세계는 독일에 대해 다시 평가하게 됩니다.
1971년	58세	세계 평화를 위한 공로를 인정받아 노벨 평화상을 받습니다.
1989년	76세	베를린 장벽이 무너지는 것을 직접 지켜봅니다. 그리고 다음 해 독일이 통일됩니다.
1992년	79세	10월 8일, 췌장암으로 사망합니다.

찾아보기